职业教育 **电子商务**
创新实践 系列教程

U0369332

电子商务
网店美工与视觉设计

曹明元 主编　劲文颖　王丹 副主编

清华大学出版社
北京

内 容 简 介

　　本教材全面介绍了网店美工与视觉设计所需要的基础知识与基本技能,内容讲解采用了"项目—任务"的基本形式,通过大量的案例分享、课堂讨论、课堂任务、课后思考与练习等形式,帮助学习者在较短的时间内有效掌握电子商务网店美工与视觉设计的知识、方法与技能,具备良好的实战操作能力。

图书在版编目(CIP)数据

电子商务网店美工与视觉设计/曹明元主编.—北京:清华大学出版社,2015(2021.2重印)
ISBN 978-7-302-38766-4

Ⅰ.①电…　Ⅱ.①曹…　Ⅲ.①电子商务—网页制作工具　Ⅳ.①F713.36②TP393.409.2

中国版本图书馆 CIP 数据核字(2015)第 025677 号

责任编辑:张　莹
封面设计:傅瑞学
责任校对:王荣静
责任印制:刘海龙

出版发行:清华大学出版社
　　　　网　　址:http://www.tup.com.cn, http://www.wqbook.com
　　　　地　　址:北京清华大学学研大厦 A 座　　　　邮　编:100084
　　　　社 总 机:010-62770175　　　　　　　　　　邮　购:010-62786544
　　　　投稿与读者服务:010-62776969, c-service@tup.tsinghua.edu.cn
　　　　质量反馈:010-62772015, zhiliang@tup.tsinghua.edu.cn
印 装 者:三河市铭诚印务有限公司
经　　销:全国新华书店
开　　本:185mm×230mm　　　　　印　张:13　　　　字　　数:224 千字
版　　次:2015 年 2 月第 1 版　　　　　　　　　　印　次:2021 年 2 月第 7 次印刷
定　　价:42.00 元

产品编号:062007-01

前　言

　　电子商务在我国经过近十年的发展，已经扫清了支付、信息基础等障碍，正在改变着人们的生活习惯与经营理念，成为大众所接受甚至追捧的新的经济活动方式。据商务部预计，未来五年电子商务交易额将保持年均 20% 以上的增长速度，2015 年将达到 12 万亿元。在《电子商务发展"十二五"规划》中，对于电子商务的发展目标将有更高的预期。而与"十一五"不同的是，"十二五"期间，电子商务已被列入战略性新兴产业的重要组成部分，作为新一代信息技术的分支，将是下一阶段信息化建设的重心。

　　伴随着电子商务超高速发展，对相关人才的需求也呈现井喷状。据有关数据显示，未来 10 年我国电子商务人才缺口达 200 多万，电子商务人才的普遍匮乏已成为阻碍企业电子商务应用和发展的重要因素。一面是数万亿的市场需求规模；一面却是巨大的人才缺口。

　　本教材以电子商务网店美工与视觉设计为主要内容，将基础知识与技能用任务—项目的形式进行组织与融合，通过任务来构建学生在今后电子商务运营实践中所需要的知识与技能。此外，本书还全面介绍并引导学生训练的内容，主要包括网店商品拍摄的技能技巧、商品图片修复美化的知识与技巧、店铺页面设计、Fireworks 图片切割与优化、Dreamweaver 图文排版等相关知识和技能。同时，通过课堂任务、课后思考与练习等形式，帮助学生更好地掌握电子商务网店美工与视觉设计的职业能力与技巧。

编者

2014 年 11 月

目　录

项目一
商品拍摄

如果你开了一家网店，批发了一批商品，这些商品可能非常不错，但是如果你不将这些商品展示出来就没有人会了解你的商品是好是坏，也就是说光凭借文字的描述很难让买家相信你的商品是真实可靠的。因此，我们可以肯定地说，网上商品销售最重要的就是图片，有好的图片就可以吸引更多的消费者的关注，取得更多的信任。那么这些图片从哪里来呢？当然是经过拍摄得来的。

日常生活中，我们或多或少都会接触到拍摄。出门旅游的时候你会拍照纪念，发生了好玩的事情你会拍照发微博或者微信，你还会用拍照将难得的美景保存下来。但是这些日常生活中的拍照与商品拍摄有着很大的区别。拍摄商品图片时我们不能太过于随意，要考虑很多的因素，比如商品所处的背景是否合适，拍摄的光线是否合适，是否需要其他陪衬物等。而且我们也不能仅仅用手机对商品进行拍摄，这样很难拍摄出想要的效果，最好使用比较专业的相机，最低要求也得是家用数码相机。

在本项目中，你将学习一些基础的商品照片拍摄技巧。只要掌握这些基础拍摄技巧，你就可以自己充当摄像师来为自己的商品进行拍摄了。

本项目需要学习和完成以下任务

▶ 任务 1　了解网上商品拍摄

▶ 任务 2　室内商品的拍摄

▶ 任务 3　室外商品的拍摄

任务 1　了解网上商品拍摄

☼ 任务目标

一、在商品拍摄前做好图片拍摄的规划；

二、掌握网上商品拍摄的基本要求；

三、掌握基本的网上商品拍摄技巧。

☼ 知识储备

网上商品拍摄不同于日常生活的拍摄，有其独特的要求和技巧。同时，在拍摄前也要做好拍摄的规划。

一、做好商品图片拍摄规划

商品并不是拿来就可以拍的，在此之前最好做一些简单的规划，例如要拍商品的整体图还是细节图，要突出商品的哪些部位和特色，每个部位应该从哪个角度拍，各拍多少张等。一般来说我们想要通过图片来展现一个商品的如下的信息：整体样式、各个角度样式、功能信息、参数信息、款式颜色、细节特写、卖点信息、模特的效果图、包装图等。这里每一个信息都需要通过一张或者若干张照片来进行展示。最好是用图片拍摄规划表来进行规划，这张规划表要展现商品的所有拍摄要求。

案例分享

表 1-1　新款夏季凉鞋图片拍摄规划表

产品名称	夏季新品时尚舒适漆皮休闲女凉鞋	拍摄时间	
细节特写要求	商品正面图、商品侧面图、设计细节图 细节展示包括但不限于下面的内容： 款式细节：设计特别的要素，如扣子、花纹 做工细节：走线、粘胶 材质细节：高档漆皮、颜色、面料纹理 配件细节：鞋扣等		

续表

拍 摄 部 位	拍 摄 要 点	构　　图	张数
整体大图	左、右	静物台　水平拍摄	2
多角度图	360 度旋转拍摄、顶部、底部	静物台　水平拍摄	10
参数信息	鞋跟高、防水台、前掌宽(标注尺寸)	静物台　水平拍摄	2
款式颜色	红、黄、蓝	静物台　水平拍摄	3
细节特写(卖点信息)	时尚后绑带、舒适厚底、耐磨橡胶大底	静物台　水平拍摄	3
模特图	各种颜色的试穿效果	街拍、客厅	12
包装效果	精美外包装、邮寄纸箱包装	静物台　水平拍摄	2
背景、场景	主图白背景、模特场景为商业街、家庭客厅		
摄影器材	单反相机、柔光箱、反光板		
道具	时尚杂志、墨镜		

二、网上商品拍摄的基本要求

对商品拍摄的关键在于商品要精心摆放、要恰当地构图、要合理地用光,给买家既真实又赏心悦目的感觉。在拍摄时需要还原商品如下几个方面。

(1)形:这里的形指的是商品的外貌特征,拍摄的要点在于角度选择和构图处理,不能失真。如果是对商品的尺寸有要求的,最好是附上参照物(例如手机、iPad、杂志等)以便于买家更直观地了解尺寸大小信息。

(2)色:这里的色指的是商品的色彩。色彩失真是很多商品图片容易犯的错误。因此,为了真实地反映商品的颜色,最好是将背景设置为反差较大的颜色。

(3)质:这里的质是指商品的质地、质感,买家通过图片能够感受到商品的质量档次。这是对拍摄更深层次的要求。要体现商品的质,就应该在拍摄时突出商品的纹理,更精细地展现商品的特征。质主要是靠微距拍摄来体现,因此,要想展现商品的质,最好是使用具有强大微距功能的相机。

三、网上商品拍摄的基本技巧

在学习网上商品拍摄技巧之前,你已经了解了拍摄的哪些技巧呢?向全班同学说一说。

在这里我们可以总结一些简单的商品拍摄的基本技巧供大家参考。

（一）保持相机的稳定

初学拍摄的人，相机往往容易晃动，导致拍出的图片模糊不清。所以最好是用双手握住相机，用肘抵住胸膛，或者身体靠着稳定的物体。

 补充知识

相机的选购

适合拍摄网上商品摄影图片的相机，要具备下面几个条件。

（1）功能：相机需要有全手动设置功能，包括手动设置光圈、快门速度、白平衡、画质、图片大小、锐图、色彩等。通俗地说，就是相机的模式转盘上面有 M 标志。

（2）像素：现在相机像素越做越高，用于网上展示的图片，有 500 万像素就足够了。

（3）热靴：这是相机是否适合专业或者准专业用途的一个重要标志。其主要作用是可以使用外接闪光灯和影室闪光灯，如果确定用持续光源，那么可以不考虑这个条件。

（4）微距：如果你使用的相机是普通的数码相机，即 DC，那么要考虑这个问题，如果使用的是单反相机，那么应该考虑配套的镜头是不是有微距功能。

上面是拍摄商品图片的相机应当具备的必要的条件，下面介绍如何选购一款合适的相机。现在市场上的相机大致分为这样几种：

（1）卡片式数码相机。这些相机外观时尚，便于携带。但是大部分不具备手动设置功能，因此不太适合网上商品图片拍摄使用。

（2）普通型数码相机。此类相机，一般具备部分或者完全手动功能，比如佳能的 A 系列（当然现在上市的四位数型号的相机不具备全手动功能），这个类型的相机款式比较多，须要根据上面的条件进行比较后才能决定。

（3）消费类高级数码相机。此类相机通常都具有全手动功能，具备热靴，同时此类相机的镜头素质要明显高于前两类相机。感光元件即 CCD 要大于前两类相机，几乎所有的主流数码相机厂家都有这类的相机。比如佳能的 G10、富士的

S100FS、尼康的 P6000、理光的 GR2、松下的 LX3 等，这些相机都可以作为商品图片拍摄用，并且效果出色。

（4）数码单反相机。这类的相机功能比较齐全，可以根据不同的需要更换镜头，当然大规格的 CCD 或者 CMOS 是保证得到专业水准的成像效果的保证之一。可以说，几乎所有的单反相机都适合商品图片摄影，只是价格不菲。

（二）让光源在你的身后

摄影其实就是光和影的结合，所以在拍摄时需要有足够的光线照射到被拍摄的物体上。最好的方法是让光源在你的身后并有一定角度的偏移，后面的光线可以照射到商品，使它的色彩和阴影变亮。之所以要有轻微的角度的偏移就是为了产生一定的阴影来显示出商品的质感，如图 1-1 所示。

图 1-1 让光源在身后的拍摄案例

（三）变换拍摄风格

如果照片全部是一样的感觉，如全部是一种背景、一种角度、一种主色彩，这会使买家产生单调的感觉。其实，如果我们不断变换风格来拍摄，商品就会展现出不同的效果，这样买家就会对商品产生更好的感觉。例如，我们可以不断变换背景，分别拍摄全景和特写、单个商品和多个商品、变换拍摄的主色调等。

（四）增加景深

所谓增加景深就是希望能展现商品的立体感，而不仅仅是一个平面物体。最好的方法就是适当地增加一些参照物，以便通过对比来显示商品的大小，如图 1-2 所示。

图 1-2 增加景深的拍摄案例

（五）正确的构图

构图是很关键的因素。如果你拍的图片让人找不到主次或者抓不住重点，就是失败的。最好是将想要展现的重点突出在黄金分割点的位置，或者采用三点原则，用两横、两竖的线条把画面均分为九等份，中间四个交点成为视线的重点，也是构图时放置主体的最佳位置。

（六）选择合适的背景或者搭配其他的物品

对于需要突出画面美感的商品来说，选择合适的背景或者搭配一些合适的小物件是非常关键的，例如首饰类物品。一般背景物品要

图1-3　选择合适背景的拍摄案例

求不能反光，搭配的物件也要颜色鲜艳或者对比明显，如图1-3所示。

 **补充知识**

根据商品特点决定摄影顺序

即便是相同的商品，根据材质和特点不同，也可以进一步进行更细的分类。拍摄时，最好也是先进行详细分类，然后按顺序进行摄影。事先不做任何分类，即兴摄影，效率会非常低，而且还会浪费时间。

1. 决定服饰类商品的摄影顺序

服饰类商品指的是我们日常生活中穿着的所有东西。拍摄服饰类商品时，基本设备和准备事项大致相同。特殊情况下，会需要增加照明、变换位置、增加反光板、拍摄衣架等。最好的办法是根据商品特性，对可变要素进行分类，然后决定摄影顺序。

（1）大分类：进行底板摄影，还是衣架摄影。

（2）中分类：拍摄T恤衫、夹克、外套等上衣，还是拍摄裤子、裙子等下身服装，或者拍摄套装、连衣裙等。

（3）小分类：根据质地（如棉布、天鹅绒、皮革）或配饰，决定摄影顺序。

可能的话，应该按照简单的可操作原则决定摄影顺序。如果一会儿进行底板摄影，一会儿又去进行衣架摄影，一会儿再进行模特摄影，那么摄影者很容易精疲力竭。因此，最好先选出质地相同、特点相同的服装，然后将它们一起拍摄。此外，决定摄影顺序时，最好先简单布置装备，然后逐步添加装备。

2. 决定贵重金属的摄影顺序

同服饰类商品一样,拍摄贵重金属时,也应该首先对其进行分类。

(1)区分发光和不发光的贵重金属。

(2)在发光的贵重金属中,区分其是否受周围环境(照明)的影响。例如,区分是否是立方体等有漫反射的商品。

同拍摄服饰类商品一样,拍摄贵重金属时最好先拍摄相对比较容易拍的商品。首先拍摄反射较少、较单调的商品,或者虽然发光,但不显示摄影者样子和周围环境的商品。接下来拍摄发光较多且显示摄影者样子或周围环境的商品。最后拍摄有漫反射的立方体或宝石等商品,这类商品需要在多处表现发光点。

总而言之,拍摄贵重金属时,要根据金属的发光程度来决定摄影顺序。不发光或发光较少的商品即便在一般环境下也能进行拍摄。但对那些闪闪发光的商品,拍摄时必须使用帐篷或球形柔光罩等辅助设备。在拍摄漫反射时,则应该使用反光板或较多的照明设备。

3. 决定其他商品的摄影顺序

拍摄其他商品时,最好也从最简单、最容易的商品开始,然后再拍摄那些有一定难度的商品,或者需要辅助设备协助拍摄的商品。之所以要采取从易到难的摄影顺序,主要是为了方便摄影者。如果只是少量的摄影,影响不会很大;但如果是大量摄影,事先不制订摄影计划,很容易感到疲乏且非常浪费时间。如果不能熟练使用相机,最好的方法是首先挑选出容易表现的商品,然后再进行摄影。如今,大部分商品的颜色都非常明亮艳丽,因此对颜色的理解和把握也非常重要。

总之,将颜色、大小、材质、反射率等放在一起综合考虑,决定一个共同的分类,然后再进行摄影,这样可以轻松地拍摄出满意的照片。

 **本节任务**

任务背景

现在你们打算开一家专门卖水杯的网店。在开店之前需要对一款作为主打销售的水杯进行商品拍摄。在进行商品拍摄之前,需要好好规划一下这款商品的拍摄计划,因此你们打算先做一个商品拍摄规划表。

任务要求

1. 分组,每组三人左右;

2. 教师需要准备一个水杯供大家进行拍摄规划的参考;

3. 小组讨论后完成以下的商品拍摄规划表。

表 1-2　水杯图片拍摄规划表

产品名称		拍摄时间	
细节特写要求			
拍摄部位	拍摄要点	构图	张数
背景、场景			
摄影器材			
道具			

课后思考与练习

1. 在进行网络商品拍摄时主要应该还原商品的哪些特征?

2. 说一说进行商品拍摄时应该注意哪些技巧的运用?

任务 2 室内商品的拍摄

☼ 任务目标

一、掌握室内商品拍摄的场景布置的技巧和方法；

二、熟练使用室内拍摄技巧对室内商品进行拍摄。

☼ 知识储备

商品拍摄的一般场所有室内、室外以及摄影棚。不同场所的拍摄有不同的要求。有些商品，例如家具、生活用品、墙纸等，是需要在室内进行拍摄的。本节我们先了解室内商品拍摄的一些注意事项和技巧。

一、做好室内拍摄的场景布置

室内拍摄并不是件简单的事情，因为室内的环境往往较为杂乱，而且光线等环境因素很难把控。要想拍摄好室内商品，就需要提前做好室内的场景布置。在布置场景时最好考虑以下的方法。

（一）整理好周围的杂物，使商品处于整洁有序的环境中

我们拍摄的对象是商品，因此其他无关的杂物最好收起来，否则环境太杂乱会出现喧宾夺主的效果，无法突出商品本身的特征。背景不要过于混乱，颜色要适合商品拍摄的需要，如图 1-4 所示。如果实在对背景不满意，可以采用墙纸或者背景纸（布）来布置场景。

（二）闪光灯的布置

选择闪光灯取决于两个因素：用途和空间大小。如果是证件照片，应该用 36 指数左右的闪光灯；如果是模特应该用 45 指数或者以上的闪光灯；如果平拍，应该用 36 指数以上的闪光灯。空间大小是指用于摄影的相对封闭的空间的面积大小，

图 1-4　场景布置对比图

一般 45 平方米以上的空间应该用 400W 以上的灯,25 平方米以上的空间应该用 300W 以上的灯。

拍摄商品用几只灯合适呢？无论是常亮灯还是闪光灯,在拍摄商品照片的过程中,均需要几组灯才可以达到更好的效果,通常根据拍摄的商品的大小、材质,要表达的不同效果来选择不同的灯组合。对于小件商品来说,二灯是最基本的配置,三灯(在二灯的基础上加一顶灯)是完美的配置。对于服装拍摄来说,平铺拍摄二灯可以拍,三灯效果更佳。模特拍摄一般至少要三灯,即背景为灯＋主灯＋辅灯,如果数量上超过三组灯会拍得更好。总之,拍摄服装应该至少使用二组灯以上。

(三)使用反光板布置场景

反光板是一种常用的补光设备。常见的是金银双面可折叠的反光板,携带比较方便,如图 1-5 所示。另外,反光板还可以改变主题的色温,例如使用金色反光板可以使拍摄主题更突出。反光板可以提供柔和的散射光反射光,作为主光照明也可以对大面积的被摄物品的暗部进行补光。反光板具有一个优点,就是

图 1-5　反光板

不会再生投影。反光板根据材质不同,其产生的光线效果也不尽相同。

（四）其他辅助设备

摄影灯不是单独使用的,都要配套一些附件才可以达到预期效果,在商品图片摄影中,常见的附件主要有:反光伞、柔光箱、灯架、灯头、反光板、柔光棚、顶灯架等,反光伞和柔光箱如图1-6所示。

图1-6　反光伞和柔光箱

（1）反光伞。输出光为经过反光伞面反射后的散射光,性质为软光,发光面积大,方向性不明显,柔和,反差弱。通常反光伞的涂层有银色、白色、金黄色等,最常用的是银色的。反光伞的外观颜色一般有白色和黑色的两种,黑色的效果好于白色。

（2）柔光箱。光源发出的光和经过柔光箱所产生的反射光混合,再经过柔光箱透射扩散,形成软光,能提供均匀而充足的照明,输出的光为扩散的透射光,光性柔和,方向性强于反光伞产生的光,且反差清晰,投影浓于反光伞,富有层次表现,色彩与锐度良好。柔光箱从外形上来讲有正方形、长方形、八角形等规格。

（3）灯架。灯架的作用是支撑灯头、柔光箱或者反光伞。灯架一般有铝合金的或者钢管的,规格根据负重能力及用途不同有许多种。在我们的实践中使用最多的是:小型闪光灯使用200cm左右的灯架,大型闪光灯（指300W以上的灯）使用250cm以上的可调节式灯架。

二、控制好光线方向

光线方向指的是光源位置与拍摄的方向形成的光线照射角度。光源位置与拍摄方向两者中任何一个发生变化都会引起光线方向的变化。在室内摄影中，缺少自然光线，主要是进行人工的照明，可以随意控制光源方向。一般可以选择顺光拍摄、侧光拍摄、逆光拍摄、定光拍摄和脚光拍摄。不同的拍摄方向会产生不一样的拍摄效果。

顺光可以均匀地照射被拍摄的物体，物体的阴影被自身挡住，影调会比较柔和，如图 1-7 所示。这种拍摄效果能够隐藏物品表面的凹凸或褶皱，但是处理不当的话会显得很平淡，因为无法突出物品的质感和轮廓。相对而言，侧光能够对物体的立体形状和质感有比较强的表现力，如图 1-8 所示。

图 1-7　室内顺光拍摄的饰品　　　　图 1-8　室内侧光拍摄的艺术品

逆光拍摄的效果是明与暗的反差会比较大。逆光对于不透明物体会产生轮廓光，对透明或半透明物体会产生透射光，对液体会产生闪烁光。因此，在拍摄透明或者半透明物体，例如花卉、植物叶等时，逆光是比较合适的，如图 1-9 所示。

顶光就是将光源置于商品的顶端打光，这种照明器材以柔和的光线为主。如果光源太强，就会导致被拍摄物的顶部出现明暗反差强烈的效果，反而不利于商品展现美感，如图 1-10 所示。

脚光是指由下向上照明物体的光线。一般这种效果在网络商品的拍摄中用得比较少。

图 1-9　室内逆光拍摄的植物叶子　　　　　图 1-10　室内顶光拍摄的杯子

想一想,我们在平常的商品拍摄时最常使用的是哪种光线方向? 为什么? 向全班说一说。

在进行室内摄影时,需要根据商品拍摄的角度调整光线方向。最好选择一种或几种适合商品拍摄的角度和光线进行拍摄,为商品创造不同的呈现效果。

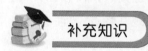

不同表面结构的商品的光线运用方法

(1)粗糙表面的商品的光线运用。有许多商品具有粗糙的表面结构,如皮毛、棉麻制品、雕刻等,为了表现好它们的质感,在光线的使用上,应采用侧逆光或侧光照明,这样会使商品表面表现出明暗起伏的结构变化。

(2)表面光滑的商品的光线运用。一些表面光滑的商品,如金银饰品、瓷器、漆器、电镀制品等,它们的表面结构光滑如镜,具有强烈单向反射能力,直射灯光聚射到这种商品表面,会产生强烈的光线改变。拍摄这类商品,一是要采用柔和的散射光线进行照明,二是可以采取间接照明的方法,即灯光作用在反光板或其他具有反光能力的商品上,反射出来的光照明商品,能够得到柔和的照明效果。

(3)透明商品的光线运用。玻璃器皿、水晶、玉器等透明商品的拍摄一般都采用侧逆光、逆光或底光进行照明,可以很好地表现出静物清澈透明的质感。

(4)无影静物的光线运用。有一些商品照片,画面处理上完全没有投影,影调十分干净。这种照片的用光方法,是使用一块架起来的玻璃台面,将要拍摄的商品摆在上面,在玻璃台面的下面铺一张较大的白纸或半透明描图纸。灯光从下面作用在纸的上面,通过这种底部的用光就可以拍出没有投影的商品照片,如果需要也可以从上面给商品加一点辅助照明。这种情况下,要注意底光与正面光的亮度比值。

三、日常饰品的拍摄技巧

(一)围巾和帽子的拍摄

对于围巾的拍摄来说,它不像首饰那样精致小巧,也不像衣服那么有板有型,它本身很单调,因此须有造型;围巾一定要表现出飘逸的效果,甚至可以拍出妩媚、狂野,拍出高贵、雅致……围巾的材质种类繁多,有人造毛线、天然毛线、纯羊毛、丝绸、涤纶,甚至还有帆布。不同材质的围巾,在被拍摄的时候所需要表现出来的质感也不尽相同。比如纯羊毛的围巾,这类围巾的特点就是质地较轻盈、纹路清晰、光泽自然柔和、手感柔软而弹性丰富;丝绸质感的围巾手感光滑、晶莹剔透;布料的围巾比较硬挺、造型感强烈。所以在拍摄围巾的时候要有侧重地表现其特点,要注意表现不同的围、系的花样,也许正是好的花样才能吸引年轻、时尚的买家。

帽子的材质种类也很多,动物毛皮的、毛线的、棉线的,等等,拍摄时也要注意光线的强度,要将质感表现得真实、自然,如图 1-11 所示。

图 1-11　俯拍帽子、手套

一般来讲,白色的背景纸,可以使画面显得干净,可以凸显围巾柔软的质感。如果拍摄带花的围巾时,用白色的背景纸非常适合,如果拍摄带花色的围巾,用了灰白色的背景纸,画面整体颜色显得很高档也很和谐,如图 1-12 所示。用眼镜做陪衬,画面的构图也更加饱满。如果在拍摄时画面太空或者太拥挤,都会在视觉效果上打折扣。

除此之外,围巾帽子类商品的拍摄也是不能忽略细节图的,细小的局部更能说明商品的质量。另外,让真人试戴的方法也不错,帽子、围巾都可以戴,这样可以让买家更直观地看到商品上身的效果如图 1-13 所示。

图 1-12　将眼镜与围巾搭配拍摄

图 1-13　真人展示

(二)腰带的拍摄

腰带,特别是皮制腰带在拍摄时要注意:摆放时可以卷曲或平铺,拍摄时镜头要俯视,这样就不会看出其过多的印痕。可以同款多色叠加在一起,这样会显得比较有整体感。很多腰带照片都是单独一条拍摄的,如果把多条腰带放在一起拍摄,就会出现不一样的效果。拍摄腰带时,背景的选择也可以很多样,单色背景或者横条纹背景可以更突出腰带的款式。

腰带的特点是细且长。同时,腰带的款式繁多,因此,要根据腰带的材质来拍摄。通常拍摄

图 1-14　注意拍摄要点

腰带有三种角度,一种是微俯,一种是平视,还有一种是正俯视。这三种角度再加上 2 ~ 3 张的细节图,就能比较完整地描述商品了,如图 1-14 和图 1-15 所示。

图 1-15　腰带的细节图

拍摄腰带需要一定的角度,以腰带扣为拍摄重点,起强调作用,顺带展示出腰带的材质。除此之外,腰带的造型也很重要,腰带本身属于细长形,如果直接放置在拍摄台上,画面中的空白地方太多,会显得单调又乏味,将腰带弯曲叠放在拍摄台上,除了表面纹理、花色之外,腰带扣应该摆放在视觉中心的位置上,尽量靠前,可以显示其尊贵或华美。

(三)背包、钱包的拍摄

拍摄这类商品,反光板必不可少,同时还至少需要两盏照明灯。

在拍摄背包的时候,为了体现其立体感,需要在包里装一些填充物,让包包有型,从而让买家清楚地知道在实际使用中包包的模样。填充物可以是塑料袋或是废报纸。

皮包和皮鞋的材质一样,在拍摄时会容易产生反光,照明的控制很关键,建议在拍摄过程中使用反光板。

在拍摄钱包之类的包包时,一定要注意物品的摆放。大部分钱包都无法直接独立地站立起来,若是让钱包以直角直立起来,那会让人感觉非常不自然。摄影者可以在钱包的背后放置稍厚的磁带盒子或者其他透明的物体,以支撑起钱包。用透明盒子支撑,落在皮夹后方的阴影不那么显眼。钱包靠着盒子,倾斜地站立,摆放很自然且不呆板,如图 1-16 所示。

图 1-16　将钱包立起来

一般我们在拍摄时都使用两盏照明灯,可以得到非常柔和的光线。为了使商品的阴影或者高光区看上去更加自然,左右两侧照明灯的位置最好是不对称的,形成主灯与辅灯的位置,如果两盏照明灯在商品左右两侧以相同的角度对称地进行照明,商品所产生的阴影和加亮区就会对称出现,看上去会非常别扭。

图1-17　背包的内部设计和吊牌细节

尽量让照明光线能够进入到包包里面。包包通常由特定材质做成,如果想充分表现包包的材质,拍摄时最好将特定部分放大,同时还要仔细拍摄包包特色的部分。牢固的缝制和结实的拉锁能体现包包的品质,所以在拍摄的时候一定要表现出来,如图1-17和图1-18所示。

图1-18　拍摄钱包的皮质细节

另外,拍摄背包也可以像之前拍摄服饰一样,找个模特把包背起来展示,这样也可以让买家了解背包上身的效果如何。

 补充知识

运用正确的闪光灯拍摄方法

一般而言,只要有光,就会有阴影。如果为了消除阴影而采取在商品两侧呈45°进行对称照明的方式,虽然照明光线会均匀地投向两侧,但是商品也会因此产生两个对称的影子,效果不会很好。

为了解决这个问题,就不能对称使用两盏照明灯,而要安排它们在不同的角度进行投射,或者使用不同强度进行投射。

选择在不同的角度进行照明时,由于照明的角度不是对称的,也就不会对称地产生两个影子。而且,人眼会因此产生不规则性效应,使得人们在看照片时就不会感到阴影那么明显了。

　　使用不同强度进行照明时,如果把其中一盏灯的灯光调得很强,另一盏调得很弱,那么,受到对面强灯光的影响,较弱的那盏就不会产生阴影。但在实际上,具有调光功能的闪光灯非常少见。如果不能调节光线的强弱,那么可以尝试改变它们与商品的距离,使其中一盏灯稍微靠近商品,另一盏灯稍微远离商品。这是运用了"照明距离越远,照明光线越弱"的原理。该原理只适用于人工照明,对自然照明而言,它是完全没有用处的。这个原理证明:光线的减弱程度与商品、照明两者之间的距离成反比。距离拉远为两倍,照明光线会减弱为1/4。

本节任务

任务背景

　　你们合伙开了一家家具店。现在你们需要对新进货的椅子进行拍摄。你们想从多个(至少三个)角度来进行拍摄。背景可以是纯色也可以有其他相关搭配物。

任务要求

1. 分组,每组三人左右;

2. 每组需要准备一把椅子供拍摄使用;

3. 每个人都要参与到场景的布置中来;

4. 每个人都需要参与到光线的调整和拍摄中来;

5. 每人至少拍摄5张照片;

6. 每组选择3张优秀的照片,教师进行评比,看哪一组拍出的效果最好。

课后思考与练习

1. 室内拍摄需要做哪些准备工作?

2. 哪一种光线角度的室内商品拍照效果最好?

3. 哪些商品比较适合室内拍摄,哪些不适合室内拍摄?

任务 3 室外商品的拍摄

☼ 任务目标

一、掌握室外商品拍摄的场景布置的技巧和方法；

二、熟练使用室外拍摄技巧对室外商品进行拍摄。

☼ 知识储备

与室内拍摄相反,室外的自然光是摄影者无法自由处理的,因此必要时需要对此进行补充。另外,室外的自然景色可以自由选择,创作理念不容易受场景限制。最基本的做法是多准备一些反光板。推荐反射率高,不对商品颜色产生影响的白色反光板。当然,根据具体情况也可使用有色反光板。

一、室外拍摄场景的布置

一般室外拍摄的商品多为服装鞋帽以及玩具、球类等。我们可以选择公园里的长凳上、树荫下、花草中进行拍摄,如果是现代感比较强的商品还可以到商业街、咖啡馆等地方拍摄。一般来说,室外拍摄多为模特拍摄,如图 1-19 所示。在进行场景布置时,要注意以下几个方面：

1. 首先选择背景时不要使背景过于复杂,或使视线转移到其他地方。同时,确认背景是否与服饰类商品相协调。

2. 必须准备可以给特定部分增加光线的反光板。要准备较大的反光板和便于移动的专业反光板。

3. 必须在规定时间内完成所有摄影。因为太阳光的位置和亮度会随着时间发生改变。一般室外拍摄最好的时间段是上午的 9 点~11 点,下午的 3 点~5 点,因为这样可以避免因阳光直射在头顶和脸上形成不均匀的光斑,也可以避免光线不足而影响拍摄效果。

图 1-19　背景选择很重要

课 堂 讨 论

　　如果是在室外拍摄足球商品，你认为外景选择哪里比较好？应该怎样布置呢？向全班同学说一说。

二、室外拍摄的技巧

　　室外拍摄有模特的商品时需要注意以下几点事项：

　　1. 选择合适背景后，决定光的方向。可能的话，最好选择射光或阴影。同时，如果存在光线不足的情况，可以利用准备好的发光板来补充光线。一般来说，最好不要尝试背光拍摄。

　　2. 摄影时，最好使景深较浅，创建外聚焦效果，以便突出模特。但景深也不要过浅，浅到无法获知到底是什么样的背景。室外摄影的最大目的就是服饰类商品和背景的协调。模特和背景的距离越远，就越能表现外聚焦效果。因此，为了出色地表现外聚焦效果，最好使用望远镜头，如图 1-20 所示。

　　3. 最好不要使用闪光灯。一般傻瓜相机的内置闪光灯并不好用，容易使脸部生硬、不自然。

　　4. 拍摄角度选择。最好的拍摄高度是对着模特的腰部进行拍摄，这样照片会比较真实，也不会显得模特腿短或者拍出双下巴，如图 1-21 所示。

图 1-20   外聚焦效果示例   图 1-21   拍摄时注意角度

 补充知识

在简易摄影棚中拍摄商品

简易摄影棚又称为"亮棚",它是一种周围覆盖着柔光布的折叠软箱。当家中的环境空间不够宽敞时,使用亮棚拍摄纯色商品不失为一种快捷又有效的方法。

一般简易摄影棚(如图 1-22 所示)的售价在两百元左右。如果想节省开支可以自己制作简易的摄影棚。操作步骤如下:

(1)准备原材料,包括烤箱的包装纸箱子一个,A3 复印纸若干张,灯头线约 10米,灯口、开关、插头、节能灯每样 4 个,胶水、胶带若干。

(2)具体制作。

准备纸箱子,去掉一侧,内部需要去掉不平的多余部分,如图 1-23 所示。

为了提高亮度,增加反射光线,纸箱子内部衬以 A3 复印纸;内壁全部粘贴好白纸后,规划一下将来拍照的主要位置和准备放置灯的位置,如图 1-24 所示。

下面把 4 条线接好,就是把电线接上插头,中间加上开关,接入灯头,如图 1-25 所示。

分别在纸箱子的顶部、左右侧、后部各挖一个小洞,以能够插入灯头为好。接好后就是如图 1-26 所示的样子。

接上电源,测试一下摄影棚内部的亮度,如图 1-27 所示。

一个简易摄影棚就制作完成啦!

图 1-22　简易摄影棚

图 1-23　准备纸箱子

图 1-24　粘贴好白纸

图 1-25　接好电线

图 1-26　装好灯

图 1-27　测试光线亮度

　本节任务

任务背景

你和同伴开了一家服装店,现在你们需要给服装拍摄室外模特照片。你们选择在校园选景进行拍摄。

任务要求

1. 分组,每组 3 人左右;

2. 首先选好景,并布置好场景;

3. 从不同角度拍摄至少 12 张照片;

4. 每组 3 个人要轮流体验模特、摄影师、布景师 3 个角色;

5. 每组提交照片由教师筛选出最为优秀的照片向全班展示。

 课后思考与练习

1. 室外拍摄需要做哪些准备工作？
2. 哪些商品比较适合室外拍摄，哪些不适合室外拍摄？

☼ **本项目知识回顾**

　　商品拍摄是网店美工与视觉设计的第一步，它不同于日常的生活拍照。掌握了商品拍摄的基本技能，我们就可以自己拍摄销售的网络商品，给客户一个美好的视觉体验。

　　本项目中我们了解了网上商品拍摄的一些基础知识和技巧，学习了如何进行室内和室外的商品拍摄，如何对不同的场景进行布置，如何从不同的角度来拍摄商品。同时也了解了一些关于摄影器材的知识。摄影棚摄影也是商品拍摄的一个重要方面，同学们也可以自己试着搭建一个简单的摄影棚，做一些简单的摄影训练。这些基本技能需要同学们自己在实际项目中进行体验和训练，以熟练掌握。

　　实际上，商品拍摄是一门很高深的艺术，需要同学们从基础训练一点点深入。相信成功的商品拍摄会给你带来意想不到的收获。

　　通过本项目的学习，你有哪些心得体会？

_____

_____

_____

_____

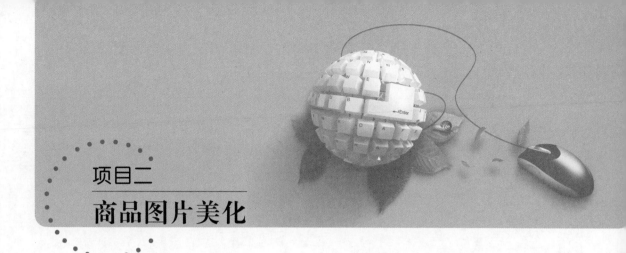

项目二

商品图片美化

我们拍出来的照片大部分是不会直接拿来使用的,有的因为图片大小不匹配,有的因为光线色彩不合适,还有的因为背景不够理想等原因。为了使图片更能体现商品的特色或者商家的意愿,更加吸引消费者的注意和好感,往往需要将图片进行专门的美化。

专门对图片进行美化的人员我们一般称之为美工人员。一般来说,美工人员需要掌握最常用的图片美化工具——Photoshop 软件。Photoshop 软件是一款功能非常强大的图片编辑和处理软件,它被广泛应用在平面广告设计、包装设计、影楼后期处理等行业。但是,针对电子商务的商品图片应用处理有其独特的应用。在本项目的任务中,就以 Photoshop 软件的操作为基础进行图片美化的学习。

在本项目中,将学习一些基础的图片美化技能。只要掌握这些基础美工技巧,就可以自己充当美工对拍摄的商品图片进行美化处理了。

本项目需要学习和完成以下任务

▶ 任务 1　图片调整处理

▶ 任务 2　图片修复美化

▶ 任务 3　图片抠图取像

▶ 任务 4　制作广告图

▶ 任务 5　图片创意处理

任务 1　图片调整处理

☼ 任务目标

　　一、按照要求对商品图片进行裁剪;
　　二、按照要求对商品图片的亮度进行调整;
　　三、按照要求对商品图片的色彩进行调整。

☼ 知识储备

　　拍摄完成后没有经过任何处理的图片我们称之为原始图片。这些图片虽然是经过精心准备和拍摄的,但是大多还是不能直接用来进行商品的宣传。我们首先要做的处理工作是一些简单的图片调整操作,包括图片大小尺寸的调整、图片的裁剪、图片亮度和色彩的调整。

一、图片裁剪及尺寸调整

　　图片的裁剪是必不可少的一个基础技巧。当我们因为某种原因只想要突出商品的某一部分特色或者想要将商品图片换成其他形状时,都是需要对商品图片进行裁剪的。下面我们来学习 Photoshop 软件裁剪工具的使用。

(一)图片的裁剪

图片的裁剪主要用在以下几个方面:
　　(1)需要改变图片的形状,例如将长方形裁剪出正方形;
　　(2)需要突出显示图片中的部分信息,例如原有图片的重点不突出,可将重点部分裁剪出来进行突出显示;
　　(3)需要显示细节部分,例如在我们展示商品整体图的时候想要在旁边展示某个细节,可将细节部分裁剪单独放在大图旁边;

（4）需要重新构图,例如想要展示的部分没有在黄金分割点,图片就不够美观,使裁剪后的图片显示出最合理的比例,显得更加美观。

根据你的了解,你还知道哪些情况下需要对照片进行裁剪? 试着向全班说一说。

无论是哪种原因,对图片进行裁剪的步骤都是非常简单的,如图 2-1、图 2-2、图 2-3 所示。

1. 打开 Photoshop 软件,在"文件"/"打开"命令中打开想要裁剪的图片,如图 2-1 所示。

2. 选择裁剪工具。单击"工具箱"上的工具按钮或快捷键 C,按住 Shift 键不放,从图的左上方向右下方拖,拖出自己想要裁剪的正方形区域,鼠标放在虚线边框左下角,当出现双箭头标志时,拖动以调整大小,虚线方框内高亮的部分就是裁剪后保留下来的部分,然后按 Enter 键确认裁剪,如图 2-2 所示。

图 2-1　打开一张长方形图片　　　　图 2-2　拉出裁剪区域

3. 裁剪后的效果如图 2-3 所示。

（二）图片的尺寸调整

一般在电子商务网站上传图片时,网站对图片的尺寸大小是有要求的。例如,淘宝网对店标的设计尺寸要求是 80 像素 × 80 像素,文件大小为 80KB。因此,我们拍完照片后还需要将图片调整到网站要求的尺寸大小。对于 Photoshop 来说,调整图片大小的步骤如下所示。

1. 打开"文件"/"打开"命令,选择需要调整图片大小的文件,单击"确定"按钮,如图2-4所示。

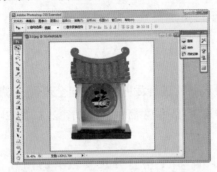
图2-3 裁剪后的效果

图2-4 打开文件

2. 选择"图像"/"图像大小"命令,弹出图像大小对话框,在该对话框中将"宽度"和"高度"设置为需要的大小,如图2-5所示。

3. 单击"确定"按钮,即可调整图片大小为合适的尺寸,如图2-6所示。

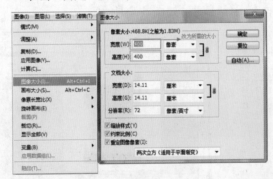
图2-5 设置图像大小

图2-6 调整后的效果

补充知识

表2-1 淘宝图片设计尺寸格式参考表

图片名称	尺寸要求	文件大小	支持图片格式
店标	80像素×80像素	大于80KB	GIF、JPG、JPEG、PNG
旺旺头像	120像素×120像素	小于300KB	GIF、JPG、JPEG、PNG
商品主图	800像素×800像素至1200像素×1200像素	小于500KB	JPG、JPEG
店招图片	950像素×118像素	不限	GIF、JPG、JPEG、PNG

续表

图片名称	尺寸要求	文件大小	支持图片格式
导航背景	950 像素 ×32 像素	不限	GIF、JPG、JPEG、PNG
轮播图片	通栏 950 像素 右侧栏 750 像素	无明确规定建议小于 300KB	GIF、JPG、JPEG、PNG
分类图片	宽度小于 160 像素 高度无明确规定	建议小于 50KB	GIF、JPG、JPEG、PNG
页头背景	不限	小于 200KB	GIF、JPG、JPEG、PNG
页面背景	不限	小于 200KB	GIF、JPG、JPEG、PNG

二、图片亮度和色彩的调节

在拍摄照片时往往因为光线的原因拍摄出曝光不足或者偏色的照片。如果不对照片进行亮度或者色彩的调整,那么图片就很难真实地反映商品的特征。

(一)调整亮度

我们经常使用色阶工具来对图片的亮度进行调整。所谓色阶是指图像中从暗(最暗处为黑色)到亮(最亮为白色)像素的分布状况。通过 Photoshop 的色阶工具可以调整图片的亮度。

如图 2-7 所示,是一张曝光不足的图片,现在我们要通过色阶工具来将其调整为正常效果的图片。

图 2-7 曝光不足的图片

操作步骤如下。

1. 打开图片。

2. 打开色阶工具,选择"图像"/"调整"/"色阶"命令。

3. 按住鼠标的左键拖动下图(见图2-8)中右边的三角(即白场三角),向左调整,整个图片的亮度就会增强,拖动中间的三角(即灰场三角),向左调整,会增强中间调的亮度,同时观察图片的颜色变化,感觉合适后即可松开鼠标。

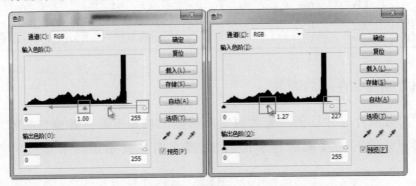

图 2-8　调整色阶

4. 调整好后单击"确定"按钮,完成调整,效果如图2-9所示。

图 2-9　调整后的效果

　补充知识

调整亮度的其他方法

我们除了使用色阶工具,还可以使用曲线工具及亮度与对比度工具来对图片的亮度进行调整。

1. 曲线工具的使用:选择"图像"/"调整"/"曲线"命令,弹出"曲线"对话框,对话框中左下方表示暗,右上方表示亮。在中线的斜线上单击后会出现一个控制点,按住控制点进行调整即可调节图片的亮度,如图 2-10 所示。

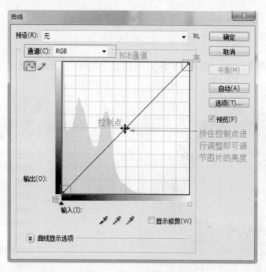

图 2-10　曲线对话框

2. 使用"亮度/对比度"命令:选择"图像"/"调整"/"亮度/对比度"命令,弹出"亮度/对比度",在对话框中调整亮度和对比度即可,如图 2-11 所示。

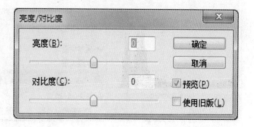

图 2-11　调整亮度和对比度

(二)调整偏色图片

你是否有这样的购物经历？明明看到商品图片显示的是某种颜色,结果收到商品后发现其实是另外一种颜色,例如绿色变成了青色,橙色变成了黄色,等等。这就是在拍摄商品时由于光线、色温、环境等因素的干扰导致拍出的图片颜色失真了。作为网店经营者,谁都不想消费者收到商品后因为商品颜色的问题给出差评。因此,在产品照片拍摄后对有偏色的照片一定要进行调色处理。

例如,下面这张图(见图2-12)由于环境干扰,原来的白色背景变成了偏蓝色的背景,这就使得商品整体颜色失真了。

现在我们需要利用色阶工具和直方图来对这张图片进行偏色的调整,使其更接近于真实颜色。操作步骤如下所示。

1. 选择"窗口"/"直方图"命令,如图2-13所示。

2. 在直方图面板的右上角,单击小三角标志,选择"全部通道视图",如图2-14所示。

图 2-12　颜色失真的图片

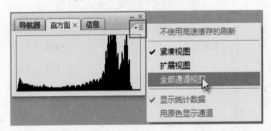

图 2-14　选择"全部通道视图"

图 2-13　选择"直方图"命令

3. 在直方图面板的右上角,单击小三角标志,选择"用原色显示通道",如图2-15所示。由于一般来说网络图片都是 RGB 模式,因此将直方图的通道设置为 RGB。通过直方图我们可以很直观地看到每个通道的色阶分布状况,此时红、绿、蓝三色的色阶峰值并没有在一条垂直线上,我们需要将其调整到一条垂直线上,偏色就可以得到调整。

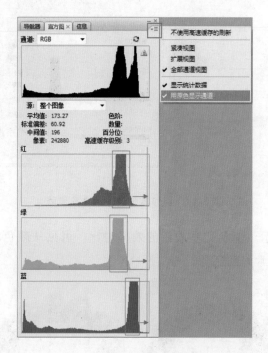

图 2-15 选择"用原色显示通道"

4. 选择"图像"/"调整"/"色阶",在色阶面板里,先选择红色通道,调整白色三角向左移动到色阶波峰位置,此时在直方图中可以观察到红色通道的色阶波峰在向右移动,调整后效果如图 2-16 所示。

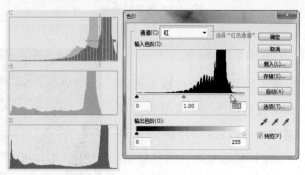

图 2-16 调整红色通道的色阶波峰

5. 同样操作将绿、蓝色通道进行调整,使得直方图中的红、绿、蓝三个通道的色阶波峰在同一垂直线上,如图 2-17 所示。

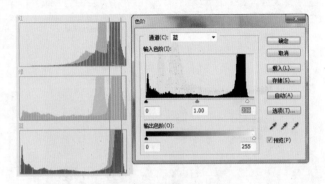

图 2-17　调整其他通道的色阶波峰

6. 图 2-18 显示了偏色调整前后的效果对比。可见从颜色和亮度上调整后的图片已经得到了非常好的还原。

图 2-18　效果对比图

（三）调整图片色相和饱和度

有时候因为光线等原因，原来比较浓的颜色会显得比较淡，原来比较淡的颜色又显得比较浓，这就需要我们对图片进行色相和饱和度的调整。如图 2-19 所示，这个商品的颜色明显较暗，这主要是由于其中的黄色色相过于浓厚，我们需要将其色彩进行调整。具体步骤如下所示。

1. 选择"图像"/"调整"/"色相/饱和度"。

2. 左右调整饱和度，使其接近真实的商品

图 2-19　颜色较暗的商品图

颜色,如图 2-20 所示。

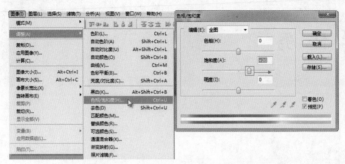

图 2-20　选择"色相/饱和度"并进行调整

3. 一般来说,由于色相的调整会改变图片的颜色,因此在颜色真实的情况下建议不要调整色相值。调整后的效果如图 2-21 所示。

 本节任务

图 2-21　调整之后的效果

任务背景

上个任务中拍摄了一些椅子商品图的图片,你们发现这些图片多少存在一些问题,例如:有些没有突出重点,有些颜色失真。因此你们打算将这些有问题的图片进行后期处理。

任务要求

针对上个项目中,室内拍摄的椅子图片做如下处理:

1. 裁剪出椅子的一个角,突出此部分重点;
2. 将图片的亮度重新调整到合适的亮度;
3. 将颜色较浓的图片重新进行设计,调整出合适的色调。

 课后思考与练习

1. 你知道哪些情况下需要对图片进行裁剪吗?
2. 你知道淘宝的各种图片的规格要求吗?
3. 说一说 Photoshop 色阶工具的主要功能有哪些。

任 务 2　图片修复美化

☼ 任务目标

一、运用污点修复工具来修复图片上的污点；
二、运用修补工具对图片上的障碍物进行修补；
三、运用仿制图章工具完成对图片的修补。

☼ 知识储备

我们在拍照的过程中，由于环境的关系，除了亮度、颜色会出现变化，有时还会出现一些影响照片品质的污点或者一些多余的障碍物。这就需要我们使用 Photoshop 的图片修复工具来对图片中的污点和障碍物进行排除和修复。这些修复工具的基本原理都是一样的，就是将要修复位置的像素信息（包括颜色、亮度等），用周围或者其他位置的像素信息来替代，从而达到修改现在的像素信息或者恢复原来的像素信息的效果。一般来说，常用到的图片修复工具有污点修复工具、修补工具以及仿制图章工具。它们都有修复图片的功能，但是又各有其特点。

一、污点修复

污点是指范围比较小的斑点，例如人脸上的痘痘或者雀斑，衣服上的小污点等。处理污点最常用到的是污点修复工具。它的功能是在画笔单击处，画笔范围内的内容由周边的内容填充代替，其原理可以用图 2-22 来阐释。

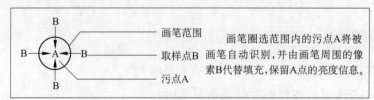

图 2-22　污点修复画笔工具的工作原理

例如,图 2-23 中的这个商品图片上有个污点比较明显,难免会影响到买家的购买判断。

我们可以使用污点修复画笔工具来进行修复,修复步骤如下。

(1)单击打开污点修复工具

■

图 2-23　一张有污点的商品图

污点修复画笔工具 J 。画笔范围大小调整的快捷键为"["(缩小)、"] "(放大)。

(2)操作图如图 2-24 所示,模式一般选择正常模式。类型有三种,近似匹配表示取样点向污点填充时边界较生硬;创建纹理表示污点由纹理内容填充;内容识别表示取样点向污点填充时自然过渡,效果较近似匹配要好一些。根据污点大小设置画笔大小为 41,选择类型为内容识别。在污点上点击一下,污点就被画笔周围的像素填充取代了。

(3)下面为修复后的效果图,如图 2-25 所示。

图 2-24　操作图

图 2-25　修复后的效果图

二、障碍物修复

对于图片中面积较大的污染物我们称之为障碍物,例如我们想去掉图片中的商标标志或者去掉图片中的垃圾等。我们可以选择使用修补工具来对障碍物进行修复。它的功能是将选中区域的像素由其他位置的像素代替或代替其他位置的像素,其原理可以用图2-26来阐释。

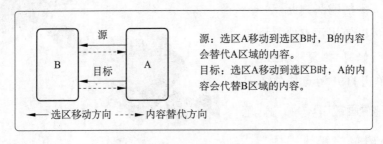

图 2-26　修补工具的使用原理

课 堂 讨 论

说一说修补工具的使用原理和污点修复画笔工具的使用原理的区别在哪里?

例如,下面这个商品图片(见图2-27)上有个障碍物(文字"淘宝网"),如果不消除看起来就很不美观。

我们可以使用修补工具来进行修复。具体修复步骤如下。

1. 单击打开修补工具  ,出现修补工具的属性栏,如图 2-28 所示,选择"源"即可。

图 2-27　一张有障碍物的商品图

图 2-28　修补工具的属性栏

2. 把需要修补去掉的部分画圈选中,松开鼠标,如图 2-29 所示。

3. 按住鼠标左键将圈中的选区 1 拖动到可以替补这块选区的选区 2,区域 2 的像素就会代替原来区域 1 的像素,如图 2-30 所示。

4. 修改完成后剩下原来区域 1 的虚线,按快捷键 Ctrl + D 取消选区完成修补,最终效果图如图 2-31 所示。

图 2-29　选中需要修补去掉的部分　　图 2-30　拖动选区 1 到选区 2　　图 2-31　最终效果图

三、仿制图章工具的使用

有时候我们用修补工具来消除图片中的障碍物会出现无法完全消除的现象，一些颜色过渡的地方会出现模糊不清或者颜色渐变的状况。这个时候我们可以借助仿制图章工具来进行修复。

例如，下图（见图 2-32）是一个包包的商品图，拍照时为了让包包站得更稳，于是在旁边支了一个小架子，后期需要将这个支撑物消除掉。

图 2-32　有支架的包包图

使用仿制图章去掉支撑物的步骤如下。

1. 选择仿制图章工具，如图 2-33 所示。

图 2-33　仿制图章工具

2. 按住 Alt 键，然后在图 2-34 中的 A 点处单击，单击时光标会成为 A 点旁边的光标，松开鼠标。

3. 沿着 B 点的位置不断移动,A 点位置的像素就会被复制到 B 点上,从而达到修改的目的,如图 2-35 所示。

4. 用同样的操作方法将支撑物的剩余痕迹继续消除,最终效果图如图 2-36 所示。

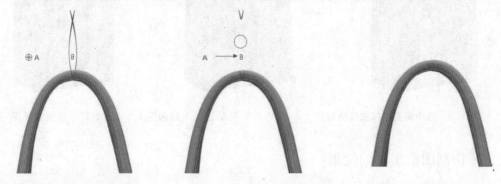

图 2-34　选择 A 点像素　　图 2-35　用 A 点像素代替 B 点像素　　图 2-36　最终效果图

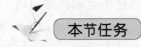

本节任务

任务背景

你们开了一家专门售卖皮包的网店,在商品拍摄的过程中你们发现一款皮质比较软的皮包的包带很难自己竖起来,为了使包包展示的形象更立体,你们决定使用一根绳子或者铁丝将包带勾起来进行拍摄,然后再经过后期的处理将图片中的绳子或者铁钩消除掉。

任务要求

1. 分组,三人一组;

2. 先按照背景要求拍摄有绳子或者铁钩的包包图片;

3. 运用修补工具将图片中的绳子或者铁钩消除掉,看看效果如何;

4. 再同样运用仿制图章工具将图片中的绳子或者铁钩消除掉,看看效果如何;

5. 对比两种方法修补后的效果,说一说哪种效果更好。

课后思考与练习

1. Photoshop 软件有哪些修补图片的工具吗?每种工具各自的原理是什么?

2. 修补工具和仿制图章工具的区别在哪里?

任务 3　图片抠图取像

☼ **任务目标**

一、运用选框工具来进行抠图取像处理；

二、运用套索工具进行抠图取像处理；

三、对背景色单一的图片进行抠图取像处理；

四、将抠出来的图片进行合成。

☼ **知识储备**

当我们不需要商品的背景或者只需要图片中的某一部分时，就须将需要的部分抠取出来，这就叫作抠图取像。抠图取像的方法有很多种，针对不同的对象和抠图要求可以使用不同的方法。经常用到的抠图工具有选框工具、套索工具、魔术棒工具、钢笔工具等。

一、选框工具

选框工具包含了矩形选框工具、椭圆形选框工具、单行选框工具及单列选框工具，如图 2-37 所示。按住鼠标左键，在画布中拖动可以创建一个矩形、椭圆形、行或者列的选区，然后对选区的内容进行复制、剪切、填充等操作。

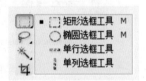

图 2-37　选框工具

在此仅举例介绍矩形和椭圆选框工具的使用方法。

下面是一双皮鞋的商品原图，因为我们想要细节展示皮鞋的鞋跟部分和鞋头部分，所以需要将原图的鞋跟和鞋头部分剪切下来进行细节展示。鞋跟部分可以使用矩形选框工具剪切，鞋头部分我们可以使用椭圆选框工具剪切。具体步骤如下所示。

1. 打开图片,如图 2-38 所示。

2. 单击工具栏里"放大镜"工具,选择"实际像素"按钮。图片将以原始的尺寸显示,如图 2-39 所示。

图 2-38　打开图片　　　　　　　　　　　　图 2-39　"实际像素"按钮

3. 新建一个名称为"细节图"的画布,将画布宽度设置为 750 像素,高度设置为 900 像素,如图 2-40 所示。

图 2-40　新建名称为"细节图"的画布

4. 在皮鞋原图窗口中,单击工具箱中的"抓手工具",按住鼠标左键拖动皮鞋在窗口中的位置,查看鞋跟的细节效果,如图 2-41 所示。

5. 单击工具箱中的"矩形选框工具",在需要裁剪的细节位置上,按住鼠标左键拖动拉出一些虚线的矩形选框,如图 2-42 所示。

图 2-41 查看鞋跟的细节效果

图 2-42 拉出一些虚线的矩形选框

6. 选择"编辑"/"拷贝"命令复制选区图像,然后在"细节图"窗口中进行"编辑"/"粘贴"命令操作,矩形细节图就被粘贴到新画布中了,如图 2-43 所示。

图 2-43 将矩形细节图粘贴到新画布中

7. 在工具箱中选择"移动工具" ,拖动粘贴过来的鞋跟细节图到合适的位置,如图 2-44 所示。

8. 同样的方法,将原图中的鞋头用"椭圆选框工具"剪切下来并复制粘贴到新画布中。最终效果如图 2-45 所示。

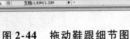

图 2-44　拖动鞋跟细节图　　　　　　图 2-45　最终效果图

　　椭圆选框工具的另一个用处是将圆形物体从图片中复制出来,使用方法与上面类似,在此不再一一赘述。

二、套索工具

　　套索工具分为三种:套索工具、多边形套索工具及磁性套索工具。套索工具用于做任意不规则选区,多边形套索工具则是用于做有一定规则的选区,而磁性套索工具是用于制作边缘比较清晰,且与背景颜色相差较大的图片的选区,如图 2-46 所示。

　　下面我们仅通过磁性套索工具来介绍套索工具的抠图取像的使用。图 2-47 中的左图两瓣西瓜与一串香蕉,右图是一杯西瓜汁(背景为单色)。现在我们可以将西瓜从左图中抠取出来与右边的西瓜汁进行合成。

图 2-46　套索工具

图 2-47　抠图前的图片

具体的操作步骤如下。

1. 用 Photoshop 打开西瓜与香蕉图,选择工具箱中的磁性套索工具,如图 2-48 所示。

2. 单击选择相应的西瓜区域,会有虚线框,如图 2-49 所示。

图 2-48　选择工具箱中的磁性套索工具

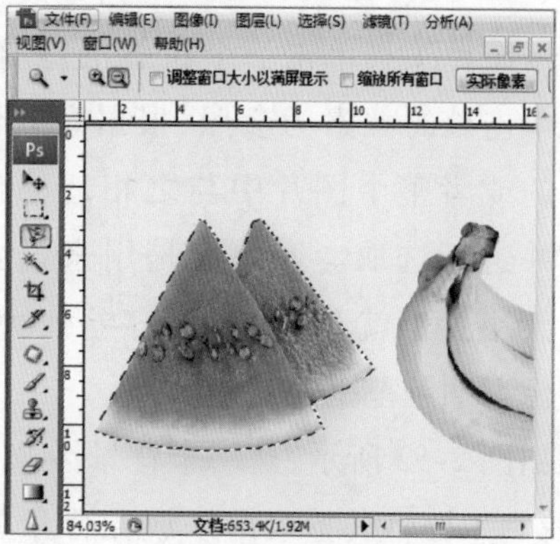

图 2-49　选择区域

3. 选择"编辑"/"剪贴"命令,即可将选择的区域剪切出来,如图 2-50 所示。

4. 用 Photoshop 打开西瓜汁的图,选择"编辑"/"粘贴"命令,即可将抠取出来的西瓜图粘贴在西瓜汁图片中。在工具箱中选择"移动工具",拖动粘贴过来的西瓜图到合适的位置,如图 2-51 所示。

图 2-50　剪切选择的区域

图 2-51　粘贴完成后合成的图

三、其他抠图工具

除了前面介绍的选框工具、套索工具可以对图片进行抠图,魔棒工具和钢笔工具也是很好的抠图工具。这两种工具的共同点是比较适合背景色比较单一，并且背景与要抠取的主体在颜色和亮度上有明显区别的图片。

（一）魔棒工具抠图

用魔棒工具单击一个位置的像素时，软件会以单击处的像素为参照，根据容差值对周边连续的或者整个图片中与之相近的像素进行判断并进行选取。容差值是用来设置提取范围的大小。也就是说，如果容差值大，那么选择的像素颜色范围也就越大。

如图 2-52 所示，是一个背景为蓝色的商品图，我们想要将其抠取出来放在背景为大海的图（见图 2-53）中。

图 2-52　背景为蓝色的商品图

使用魔棒工具的操作步骤如下。

1. 打开商品图及大海背景图。

2. 在商品图片窗口中，选择"魔棒工具"，将容差值设置为 32，选择消除锯齿和连续，如图 2-54 所示。

图 2-53　背景为大海的背景图

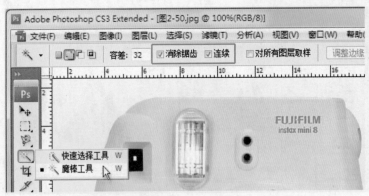

图 2-54　魔棒工具及其属性栏设置

3. 在属性栏里选择"添加到选区"按钮 ，这样可以将每次单击后产生的选区相互添加在一起。

4. 在商品图中的蓝色区域不断被单击,直到将所有的蓝色背景全都选中,如图 2-55 所示。

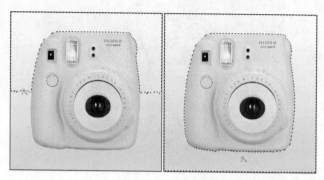

图 2-55 选中所有蓝色区域

5. 由于我们的目的是将商品抠取出来,因此需要进行反向选择。选择"选择"/"反向"命令即可进行反向选择选中的商品。反向选择后的效果如图 2-56 所示。

6. 选择"编辑"/"拷贝"命令。然后切换到大海背景图的文件窗口,选择"编辑"/"粘贴"命令。调整商品的大小,最终效果如图 2-57 所示。

图 2-56 反向选择后的效果

图 2-57 最终效果图

(二)钢笔工具抠图

钢笔工具对于圆弧形物体和规则物体的图片都能轻松抠取出圆滑精确的图片。有时候背景颜色比较复杂,使用其他的几种工具操作起来会不太方便,而用钢笔工具就会方便且精确很多。

例如,我们想将图 2-58 中的商品抠取出来,其操作步骤如下。

1. 打开商品图片。

图 2-58　商品图

2. 点击工具栏中的"钢笔工具" ，出现如下属性栏，如图 2-59 所示。

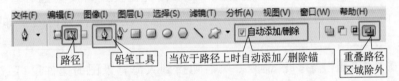

图 2-59　钢笔工具属性栏

3. 沿着要抠的主体边上的任意位置单击一下，会出现一个锚点（即路径中连接线的点，可以添加删除和移动），如图 2-60 所示。

图 2-60　创建锚点　　　　　　　　图 2-61　增加锚点

4. 沿着抠图主体的边接着单击，出现下一个锚点，如图 2-61 所示，不要松开鼠标左键沿着边的方向拉伸或旋转,调整两个锚点之间的弧线,直到弧线紧贴主体的边时松开鼠标,如图 2-62 所示。(注:当抠图主体的边是直线边时,单击下一个锚点后松开鼠标不用调整就会出现一条直线。)

图 2-62　调整弧线

图 2-63　调整锚点方向

5. 按住 Alt 键调整方向与下一步的抠图方向一致,如图 2-63 所示。

6. 沿着抠图主体的边,重复同样的操作将抠图的主体全部选中,如图 2-64 所示。

7. 在创建的锚点路径上单击右键,在弹出的菜单中,选择"建立选区",如图 2-64 所示;设置羽化半径为"1",建立选区后的效果如图 2-65 所示。

图 2-64　建立选区

8. 选择"编辑"/"拷贝"命令。

9. 新建一个白色背景画布，将拷贝的图片粘贴进去，最终效果如图 2-66 所示。

图 2-65　建立选区后效果

图 2-66　最终效果图

 补充知识

通 道 抠 图

用通道抠图可以抠出较为复杂的有细碎毛边的主体，例如毛发、大树、毛绒物体等，而钢笔工具抠出的边缘要圆滑很多。我们以下面的例子来介绍通道抠图的使用方法。原图和最终效果图如图 2-67 和图 2-68 所示。

图 2-67　原图

图 2-68　最终效果图

1. 启动 Photoshop,导入要处理的图片,点选"钢笔"工具、属性设置,然后将图片中人物的主体轮廓勾出。注意碎发部分不要勾在里面,因为在后面将对其进行专门的处理,如图 2-69 所示。

2. 打开"路径"面板,这时你会发现路径面板中多了一个"工作路径",单击"将路径作为选区载入"按钮,将封闭的路径转化为选区,如图 2-70 所示。

3. 选择图层面板,点选"背景"层,点右键,单击"复制图层"命令,新

图 2-69 勾出主体轮廓

建一个"背景副本"。点选"背景副本",单击"添加图层蒙版"按钮,如图 2-71 所示。

图 2-70 将封闭的路径转化为选区

图 2-71 新建一个"背景副本"

4. 选择通道面板,拖动"绿"通道至通道面板下的"新建"按钮,复制一个副本出来,如图 2-72 所示。

5. 点选"绿副本"并按快捷键 Ctrl + L 进行色阶调整,将左侧的黑色滑块向右

拉动,将右侧的白色滑块向左拉动,这样减小中间的部分,加大暗调和高光,使头发和背景很好地分开,如图2-73所示。

图 2-72 复制一个绿副本　　　　　　　　图 2-73 色阶调整

6. 按快捷键 CtrL + L 将"绿副本"通道反选,点选"画笔"工具——属性设置,用黑色画笔将头发以外的地方(也就是不需要选择的地方)涂黑,然后用白色画笔把头发里需要的地方涂白。

7. 单击"通道"面板上的"将通道作为选区载入"按钮得到"绿副本"的选区,如图2-74所示。

8. 回到"图层"面板,双击"背景图层",将其变为普通"图层 0",如图2-75所示。

图 2-74 得到"绿副本"的选区

图 2-75 变为普通"图层 0"

9. 单击"添加图层蒙版"按扭,为"图层 0"添加图层蒙版。这个漂亮美眉就从这张图片里分离出来了,如图 2-76 所示。

任意换一个背景图片,效果如图 2-77 所示:

图 2-76　添加图层蒙版　　　　图 2-77　添加背景后的最终效果图

本节任务

任务背景

你们现在有一些拍摄好的商品素材,但是仍然觉得背景不合适,想要将商品抠出来合成到合适的背景中去。

任务要求

1. 分组,三人一组;

2. 寻找两张素材图,一张商品背景为纯色,商品形状比较简单,另一张背景颜色比较复杂,商品的边界形状比较复杂;

3. 运用合适的抠图工具将图片中的商品抠出来放到合适的位置,并进行合成;

4. 教师对比看哪些小组的最终效果图比较优秀,向全班进行展示。

课后思考与练习

1. Photoshop 软件有哪些抠图取像的工具? 每种工具适合什么样的对象?

2. 哪种抠图工具最强大? 为什么?

任务 4 制作广告图

☼ **任务目标**

一、了解广告图制作的一般要求；

二、按照需要制作广告图的背景；

三、按照需要制作广告图的文字内容。

☼ **知识储备**

广告图不像商品图那样突出商品特色，它往往突出的是另外一些信息，例如促销活动信息，且大多需要文字来进行表达。所以可以说广告图往往是图片和文字的结合，但是这种结合又往往并不是那么简单，它需要一定的视觉冲击力，才能吸引人们的眼球。

在制作广告图之前，往往需要周密的设计。首先，要确定这个广告图针对的对象人群是什么，突出的活动、主题、产品又是什么，以及这是一个什么性质的广告，是要进行促销还是要进行品牌广告等。不同的情况，广告图的设计流程和内容都会有所区别。一般来说，要制作一个广告图，需要事先准备好相关的素材，并确定好广告图的尺寸，然后要设计好文案内容和图文排版。下面我们介绍广告图制作过程中的一些重要环节。

一、广告图背景的设置

广告图的背景设置有其基本的要求，即广告图的背景色调要与整体页面的色调风格相一致，不能反差太大，否则会显得有些突兀。

在选择背景图时，我们可以选择图片背景、渐变背景或者简单纯色背景。图片可以是在网上下载的，也可以是我们自己拍摄的。Photoshop可以支持渐变背景和纯色背景的设计。

（一）渐变背景

渐变背景的设置步骤如下。

1. 新建一个尺寸为 950 像素 ×340 像素的白底画布。

2. 选择"图层"/"新建"/"图层"命令,如图 2-78 所示。设置图层名称为"渐变背景"。

图　2-78

3. 单击渐变工具 ，设置渐变属性,如图 2-79 所示。

图 2-79　渐变工具的属性栏

上面属性栏中,A 处为渐变编辑器。当渐变条下方为手形指针时,单击就会添加色标,双击色标后就会设置颜色,如图 2- 80 所示。

属性栏中的 B 处为渐变方式。可以根据需要选择不同的渐变方式,如图 2- 81 所示。

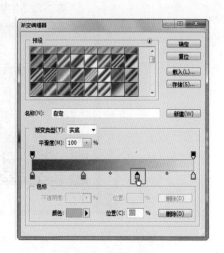

图 2-80　渐变编辑器

(二)纯色背景

纯色背景的设置步骤如下。

1. 新建图层"纯色背景"。

2. 在工具箱的底部前景色按钮上单击,

出现拾色器(前景色)按钮,设置合适的颜色,单击"确定",如图 2-82 所示。

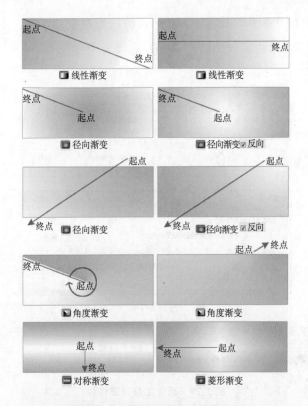

图 2-81 不同的渐变方式效果示例

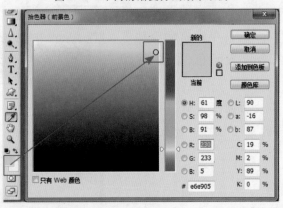

图 2-82 设置前景色

3. 选择工具箱中的"油漆桶工具",如图 2-83 所示。在"纯色背景"图层上单击填充,效果如图 2-84 所示。

图 2-83 选择油漆桶工具

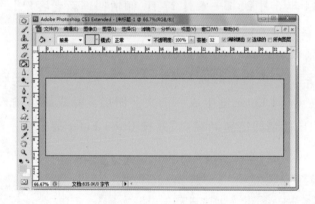

图 2-84 填充完成的纯色背景

你觉得图片背景、渐变背景和纯色背景哪种效果比较好？为什么？

二、文字排版

前面说到,广告图大多是图片与文字的结合,需要图片与文字的良好搭配和排版。关于如何将相关的素材图片抠图复制到背景图片中,前面已经学习过,在此不再赘述。下面详细介绍如何进行文字的编辑和排版。

下图(见图 2-85)为 Photoshop"文字工具"属性栏,在属性栏中可以对文字的字体、方向、类型、大小、消除锯齿方式、对齐方式、颜色、变形、段落等各种属性进行设置。

图 2-85　"文字工具"属性栏

课 堂 讨 论

你觉得广告图中的文字有什么作用?在设计文字排版时需要考虑哪些因素?

例如,我们想在下面这个广告图中加上如下促销文字:"3 周年店庆,全场 8 折包邮"以及"2014 年 6 月 21 日—6 月 27 日,倾情回馈新老客户"。其中要突出的是"3"和"8 折"这几个关键词。设计步骤如下。

1. 打开这张 950 像素 ×300 像素的广告图文件。

2. 单击文字工具,在空白的地方单击,输入"3 周年店庆",按 Enter 键换行"全场 8 折包邮",按 Ctrl + Enter 键生成一个文字图层。完成后再输入"2014 年 6 月 21 日—6 月 27 日,倾情回馈新老客户"并按 Ctrl + Enter 键生成一个文字图层,如图 2-86 所示。

图 2-86　新建好的文字图层

3. 选中文字图层中的文字,设置第一行字体为"方正正中黑简体",颜色为 cc0001,对齐方式为居中,消除锯齿方式为浑厚,字号大小设置为 65。由于要突出关键词"3"，可以将关键词"3"字体设置为"方正毡笔黑简体"，字号大小设置为89。

　　设置第二行字体为"方正正中黑简体"，颜色为000000，对齐方式为居中，消除锯齿方式为浑厚，字号大小设置为40。要突出关键词"8折"，可以将关键词颜色设置为cc0001。

　　设置第三行字体为微软雅黑，颜色为26252b，字体大小为20点，对齐方式为居中，消除锯齿方式为犀利。

　　最终效果如图2-87所示。

图 2-87　设置字体及字号大小之后的效果

　　在设置文字时关键字要尽量选择较为醒目的颜色和字体，其他内容的字相对细小些但是要清晰。同一种广告图中最好不要超过三种字体。

　　4. 设置字符面板。框选第一行文字，单击字符及段落设置面板，行间距设置为"101"（小提示：行间距最好设置为"自动"，以根据字体的大小而自动调整行间距。如果设置为固定值，很容易因为字体的大小和行间距的大小不符而导致行与行之间的交叉。在这里可以根据广告图制作的需要，设置行间距固定值），如图2-88所示。

　　5. 最后呈现的广告图效果如图2-89所示。

　　6. 设置段落模式：框选所有文字，单击字符及段落设置面板，切换到"段落"设置面板，如图2-90所示。设置左缩进为5点，右缩进为5点，首行缩进为25点，避头尾设置法则设置为JIS。在中文的标点符号规则中，行首是不能有标点的，避头尾设置法则这个功能可以使当头部有标点符号出现时,自动将上一行末尾的字下移过来,从而避免出现头部有标点符号的问题。

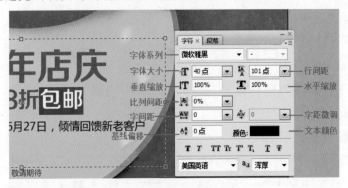

图 2-88　字符设置

图 2-89　最终广告效果图

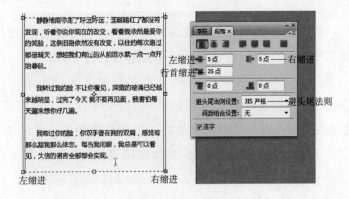

图 2-90　段落设置

7. 设置文字的特殊效果。用文字工具在画布的空白处,输入"浪漫情人节",设置文字字体为"方正正中黑简体",颜色为橙色,字体大小为 75 号,然后在图层

面板选中这个文字图层,点击右下方的"添加图层样式按钮"(此处有按钮截图),
在弹出的下拉菜单中单击投影,如图 2-91 所示。

图 2-91　添加图层样式按钮

8. 在打开的投影面板中,调节"距离"、"扩展"及"大小",如图 2-92 所示。

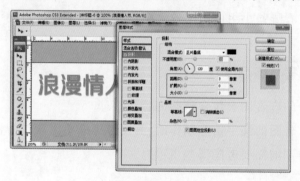

图 2-92　调整投影参数

9. 单击渐变叠加,然后调整渐变的色彩,单击确定,如图 2-93 所示。

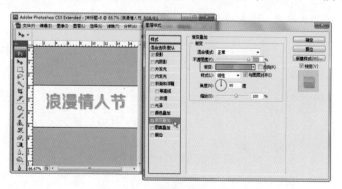

图 2-93　调整渐变叠加参数

 **本节任务**

任务背景

某个箱包店铺很快就开业十周年了,这是一个很好的营销机会,因此需要制作一张促销广告图,促销信息包含"10周年店庆,全场包包8折包邮,仅此一天!"

任务要求

1. 分组,三人一组;

2. 要求广告图的背景为渐变色;

3. 寻找一张包包商品图(可网上下载,也可自己拍摄),将商品从原背景中抠出来,放入渐变背景中;

4. 制作促销文字,要求突出关键信息;

5. 教师对比看哪些小组的最终效果图比较好,向全班进行展示。

 课后思考与练习

1. 一张优秀的广告图会包含哪些内容和信息?

2. 在进行广告图的文字信息制作时,需要考虑哪些因素? 为什么?

3. 制作广告图前需要考虑哪些事项?

任务 5 图片创意处理

☼ 任务目标

一、使用 Photoshop 制作出原创手绘效果的图片；

二、使用 Photoshop 制作商品倒影的图片；

三、使用 Photoshop 为图片添加边框；

四、使用 Photoshop 制作 GIF 动画。

☼ 知识储备

虽然通过之前的学习,已经掌握了一些制作精美图片的技能,但是要想成为专业的美工大师还远远不够。在网购经历中是否曾看到一些非常有创意的图片呢?这些图片的效果多种多样,有的还有非常精美的边框,有的图片能够 360 度旋转。本节具体介绍如何制作这些创意图片。

一、原创手绘设计

原创手绘设计会给人一种原创设计的感觉,增加买家对商品和品牌的信任感。如图 2-94 就是一张原创手绘设计的图片。我们可以通过 Photoshop 对各种商品图片进行原创手绘设计。

图 2-94 的制作过程如下。

图 2-94 商品原创手绘图

1. 打开商品原图,如图 2-95 所示。

2. 选择"图像"/"调整"/"去色"命令,去色后效果如图 2-96 所示。

图 2-95　商品原图　　　　　　　　　　图 2-96　去色后效果

3. 复制创建图层 1,选择"图像"/"调整"/"反相"命令进行反相显示,如图 2-97 所示。

图 2-97　图像反相显示

4. 选中图层 1,将图层混合模式改成"颜色减淡",这时整个画布呈现纯白色,如图 2-98 所示。

5. 选择"滤镜"/"其他"/"最小值"命令,设置最小值为 1,如图 2-99 所示。

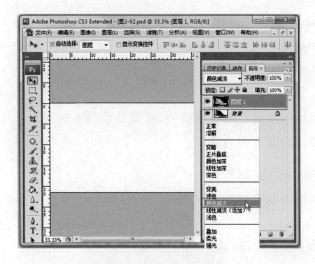

图 2-98　设置图层混合模式

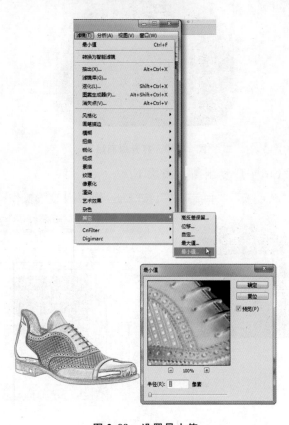

图 2-99　设置最小值

6. 观察图片效果,感觉效果合适后单击"确定"按钮,保存图片。最终呈现前面所示的原创手绘效果。

二、产品倒影效果

倒影效果可以增加商品的立体效果,使商品显得更加逼真。平面图和立体图在制作倒影效果时会有不同的操作。

(一)平面物体的倒影制作

平面物体的倒影制作相对立体物体的倒影制作要简单一些。以手提包商品图为例,制作过程如下(这个方法适合于大多数的简单平面图片)。

1. 打开原图,如图 2-100 所示。

图 2-100　打开原商品图

2. 按快捷键"Ctrl + J"复制新建图层 1。

3. 点击"编辑"/"变换"/"垂直翻转",按"Enter"键确认变形操作,如图 2-101 所示。

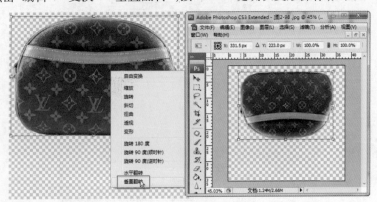

图 2-101　垂直翻转

4. 选择移动工具 ，将翻转的图层拖至下方，如图 2-102 所示。

5. 单击图层面板下方的"添加图层面板"按钮 ，为翻转的图层添加图层蒙版，选中"渐变工具" ，选择线性渐变，在图层蒙版上拖出渐变。

图 2-102　将翻转的图层拖至下方

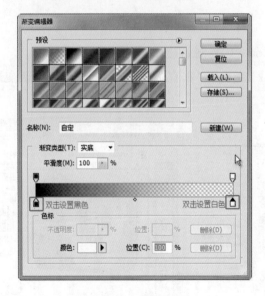

图 2-103　设置渐变色

6. 完成最终的倒影制作效果图如 2-104 所示。

(二)立体物体的倒影制作

为立体商品制作倒影过程要相对复杂一些。我们以下面的商品盒为例来介绍立体商品的倒影效果制作。

1. 打开原图,如图 2-105 所示。

图 2-104 最终倒影效果图

图 2-105 打开原商品图

2. 按快捷键"Ctrl + J"复制新建图层 1。

3. 点击"编辑"/"变换"/"垂直翻转",按"Enter"键确认变形操作,如图 2-106 所示。

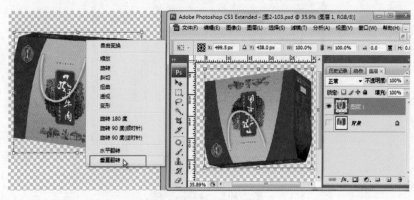

图 2-106 垂直翻转

4. 选择移动工具 ，将翻转的图层拖至下方，如图 2-107 所示。

5. 由于立体图片有一点透视效果，因此不能直接利用渐变拖出，对此可以分步进行操作。首先以顶点为分界处，先框出右边的矩形选区。

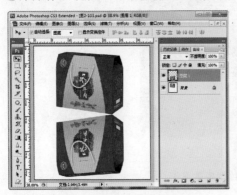

图 2-107　将翻转的图层拖至下方

图 2-108　框出右边的矩形选区

6. 将中心点移至左上角，这一步的目的是让圆心定位于此。按住"Ctrl + Shift"键，鼠标向上拖动右侧中间的定位点直至重合，如图 2-109。

7. 同样的步骤做出左边的倒影效果，如图 2-110 所示。

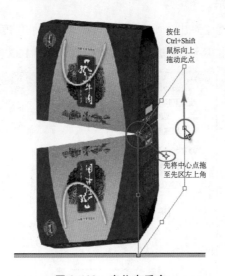

图 2-109　定位点重合

图 2-110　左边的倒影效果

8. 最后同样是添加图层蒙版，用渐变拖出，倒影制作完成，如图 2-111 所示。记住蒙版使用的时候，前景色要用黑色。渐变的拖动方向要注意，如果拖反了,效果也就反了。

图 2-111　最终倒影效果图

三、添加图片边框

有时候我们将商品图片加上一些精美的边框会使图片效果立马提升,商品的档次也会有所上升。另外边框也可以使图片区别于其他的内容。具体的操作步骤如下。

1. 打开图像文件,如图 2-112 所示。

2. 选择"图像"/"画布大小"命令,弹出"画布大小"对话框,将宽度设置为470 像素,高度设置为 680 像素,画布扩展颜色设置为"前景",如图 2-113 所示。

图 2-112　打开原图

图 2-113　"画布大小"对话框

3. 单击"确定"按钮,系统就会把当前的画布颜色增加一个前景色的边框,如图 2-114 所示。

4. 选择工具箱中的"魔棒工具" 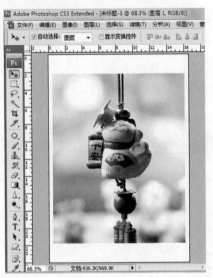,单击选择图片上最外边的边框,如图 2-115 所示。

图 2-114　添加边框　　　　　　　　图 2-115　选择边框

5. 选择"编辑"/"填充"命令,弹出"填充"对话框,单击"自定义图案"按钮,在弹出的列表中选择相应的图案,如图 2-116 所示。

6. 单击"确定"按钮,即可为图片添加图案边框,效果如图 2-117 所示。

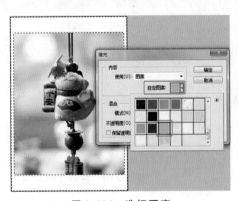

图 2-116　选择图案　　　　　　图 2-117　添加边框后的效果

四、制作 GIF 动画

我们经常看到有些网店会通过动画图片形式 360 度展示商品的外形和特点，这样更形象生动，也更有说服力。虽然 Photoshop 不是专门的动画制作软件，但制作简单的 GIF 动画还是十分方便快捷的。

下面将商品从 4 个角度拍摄的图片（见图 2-118）（背景色一致）通过 Photoshop 制作成为动态的展示形式。

图 2-118　4 张不同角度的商品图片展示

具体的步骤如下。

1. 新建 Photoshop"动画"文件。

2. 点击"窗口"菜单中的"动画"命令，如图 2-119 所示。

3. 选择"文件"/"打开"命令，选中 4 张准备好的图片素材，单击"打开"按钮，如图 2-120 所示。

图 2-119　点击"窗口"菜单中的"动画"命令　　　　**图 2-120　打开文件**

4. 切换到"动画"文件窗口，单击图层面板下方的"创建新图层"按钮创建 4

个新图层,如图 2-121 所示。

5. 将四个图片素材分别复制粘贴到"动画"窗口中的 4 个图层中,如图 2-122 所示。

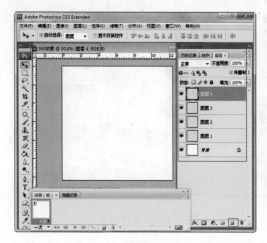
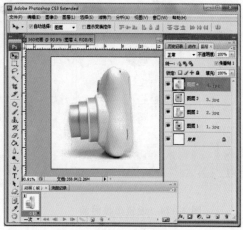

图 2-121　创建图层　　　　　　　　　　　图 2-122　复制粘贴图层

6. 单击"动画(帧)"面板下的"复制所有帧"按钮 ,创建 4 个帧,如图 2-123 所示。

图 2-123　创建 4 个帧

7. 在"动画"面板上选择第一帧,再打开图层,仅勾选需要在此帧上显示的图标前面的眼睛,并设置播放时间,如图 2-124 所示。

8. 参照前一步骤设置各帧动画参数;所有帧都设置完成后,设置下面的播放次数为"永远"。然后我们再单击"播放动画" 按钮来预览动画。

9. 动画设置满意后我们再按"文件"/"存储为 WEB 和设备所用格式"命令,在弹出的对话框中选择"GIF"并设置最高"颜色"数,最后点击"存储"按钮保存动画即可,如图 2-125 所示。

图 2-124 设置每帧时间

图 2-125 保存设置

 本节任务

任务背景

某人在网上开一家箱包店,但是很多顾客反映箱包的图片过于单调,无法使他们立体、全面地了解包包的特色,他们希望能有一些动态的图片对商品进行多角度的展示。尝试制作一款热卖包包的动态 GIF。

任务要求

1. 分组,三人一组;

2. 多角度拍摄箱包的图片,要求背景和格式统一;

3. 运用 Photoshop 软件制作 GIF 动画图片,多角度展示包包;

4. 教师对比选出比较优秀的最终效果图,并向全班进行展示。

 课后思考与练习

1. 平面商品图片和立体商品图片在制作倒影的时候的区别主要在哪里?

2. 为什么要对图片进行一些创意处理? 还有哪些创意处理的效果? 如何才

能制作出这些效果？

☼ 本项目知识回顾

商品拍摄只是提供了商品图片的基本素材，之后需要我们根据实际需求进行很多后期的处理。例如，图片大小的调整、污染物的处理、图片的合成、背景处理，等等。有时候为了广告需要我们要制作精良的广告图片，将图片和文字结合起来，展现图片的广告效果；另外为了给顾客更深刻的视觉体验，我们可以对图片进行一些创意的处理制作，达到更好的视觉效果。

本项目中我们主要学习了如何使用 Photoshop 软件来对图片进行以上的这些操作。Photoshop 软件的强大图片处理功能远不局限于此，我们应该举一反三，掌握更多的图片美化及处理的技能，并将这些技能运用到实际工作之中。

大多数时候图片的处理并不是独立的，需要将很多处理技巧结合起来运用，因此同学们在实际训练的过程中应该更多地注重综合技能的训练。

通过本项目的学习，你有哪些心得体会？

_____

_____

_____

_____

项目三
店铺页面设计

在项目二中我们已经学会了如何对图片进行美化和处理。图片美观如此重要,因为顾客打开店铺的链接后看到的基本都是图片,顾客会根据这些图片的第一印象来判断这家店铺是否专业。但是这些图片在店铺中以怎样的形式进行排列和展现也是影响顾客判断的一个重要影响因素。我们将店铺中各种图片和模块的排列和展现形式称为店铺的页面设计。试想,一个毫无创意或者看着很混乱的店铺页面怎会吸引到买家的关注呢?所以对店铺页面进行装饰和设计是一项很重要的工程。一般来说,经过装修设计的网络店铺特别能吸引买家的目光。首先,网店设计可以起到品牌识别的作用。对于店铺来说,形象设计能为商店塑造完美的形象,加深消费者对店铺的印象。其次,网店的页面设计可以让店铺变得更有附加值,更具信任感。

在本项目中,将学习到如何对店铺页面进行设计和装修。事实上,网店页面设计和装修绝对不止包含下面这些内容,但是由于很多设计都是有共通性的,所以在此不一一赘述。

本项目需要学习和完成以下任务。

▶ 任务1　店铺装修风格设计

▶ 任务2　设计页面背景图片

▶ 任务3　设计网店店招

▶ 任务4　制作商品描述模板

任务 1 店铺装修风格设计

☼ 任务目标

一、了解店铺版面首页装修的主要模块及内容；

二、熟练根据主营商品选择合适的风格；

三、熟练搭配合适的页面色调。

☼ 知识储备

通过自己的购物体验可以发现有些网店的页面看着很协调，也很自然舒适，但有的页面则看着很凌乱、拥挤。不同的感官体验可以让人从一开始就对店铺和商品有一个好的或者坏的印象，直接影响到购物判断。当进入一个网店页面后，可能会觉得这个页面没什么特色，不是自己喜欢的风格，或者觉得颜色搭配比较乱，看起来很累，抑或觉得页面风格与产品特色毫无关联，这些都是由于店铺没有做好装修风格设计所致。

对于淘宝网来说，如果个人要开店有两种选择，一种是旺铺，一种是普通店铺。普通店铺的装修相比旺铺的装修要简单，但是每个细节还是值得去琢磨的。如果你还没有准备好要在淘宝投入资金，那么普通店铺就可以了，如果你想做好生意，并且不断尝试，那么你可以定制一个旺铺。下面所说的店铺装修大多是针对旺铺来说的。

一、确定店铺的整体装修风格

（一）根据主营商品的性质确定风格

作为店主，对自己所开店铺的主营项目肯定是熟悉的，因此可以根据店铺的主营项目决定装修风格，比如你的店铺是卖儿童玩具的，如果使用过于稳重的风格,显然是不太合适的,可以选择可爱、活泼、卡通一点的风格,如图 3-1 所示。

图 3-1 儿童玩具店整体装修风格

确定自己店铺的主营商品后,就要考虑这个主营商品主要面对的是哪些人群。例如,玩具店的主要客户群体是孩子的父母,这些父母比较年轻,因此页面风格绝对不能过于沉重。

（二）选择合适的装修风格

同一种商品也可以有不同的装修风格,比如同样是鞋店,就可以有高贵、稳重、时尚、清新等多种装修风格,可以根据自己的喜好进行选择,如图 3-2 和图 3-3 所示。

图 3-2 鞋店整体装修风格案例 1

图 3-3　鞋店整体装修风格案例 2

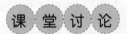

如果拥有一家服装店,你会将其装修成什么风格呢?讨论并说一说。

淘宝旺铺对于普通店的区别

1. 旺铺最上方有独立的"店招",就好比商家的门头,可以醒目地标注商家店名、品牌、广告等。结合 Flash、GIF 动画店招会更方便店家推广宣传店铺形象、品牌字号,这相对于左侧的普通店上只有小小的店铺名称来说绝对是质的飞跃!

2. 旺铺的右侧上方可以随意设定大面积"促销区",宽度为 750 像素,远远超越了普通店铺右侧上方仅 340 像素小小的"公告区",这个超大的促销区宽度是 750 像素,高度不限,完全可以自由发挥,店家可以做大幅的广告,也可以设定滚动的字幕,还可以穿插动画,这也是旺铺装修的核心所在,就相当于一个店铺的"脸面"。

3. 店铺首页上商品的"缩略图"再也不是普通店 80 像素小图,旺铺可以自由设定多种规格,店家可以根据产品自由设定为 3 列显示 220 像素的大图,或者 4 列显示 160 像素的标准模式,不论哪种都远远优先于普通店铺的小图片,这就好比商家有超大的橱窗可以把热推的产品强有力地展示到顾客眼前。

二、确定店铺的主色调

确定了自己的风格并寻找好或者制作好相关素材后,就要开始确定自己的店铺主色调。我们常说的五颜六色,其实就来源于红、黄、蓝这三种颜色(俗称"三原色")的不同比例的混合搭配。色彩心理学家认为,不同的颜色会对人的情绪和心理产生不一样的影响,红、黄、橙等暖色系能够使人感觉温暖,心情舒畅;而青、灰、绿等冷色系容易使人感到清静自然。白、黑色是视觉的两个极点,一般认为黑色会使人分散注意力,并产生郁闷、乏味的感觉;白色有素洁感,但是由于其对比度太强,久看也容易使人头痛不舒服。

不同的产品要设计不同的店铺主色调才能突出产品的特色。在配色中,要记住以下这些基本技巧。

(1)不要将所有颜色都用上,尽量控制在三种色彩以内。例如,下面的网店(如图3-4)就是一个反面例子,整个店铺看上去显得杂乱不堪,没有美感可言。

图3-4 店铺颜色太乱

(2)背景和文字的对比要尽量大,绝对不要用花纹繁复的图案作背景,也不要用和背景色一致的颜色标注文字,以便突出主要文字内容。下面也是一个不好的例子,由于文字看起来非常不清晰,无法勾起客户点击浏览的欲望,如图3-5所示。

图3-5 背景和文字的对比不明显

（3）使用邻近色。所谓邻近色,就是色相(即色彩的名称)上相邻近的颜色,如红色和粉色就是相互邻近色。邻近色设计可以使页面避免杂乱的感觉,如图3-6所示。

图3-6　邻近色搭配案例

（4）使用对比色。对比色可以突出重点,产生强烈的视觉冲击。合理的使用对比色能够使顾客对网店页面印象更深刻,更加记住店铺的鲜明特色。使用对比色时记住一定要有一种是主色调,而其他对比的颜色只是点缀,这样可以起到重点突出、画龙点睛的作用。下面的案例中,就使用了黑色为主调,白色和灰色为对比色的效果,如图3-7所示。

图3-7　对比色搭配案例

（5）网页最常用流行色

蓝色——蓝天白云,沉静整洁的颜色。

绿色——绿白相间,雅致而有生气。

橙色——活泼热烈,标准商业色调。

暗红——凝重、严肃、高贵,需要配黑和灰来压制刺激的红色。

(6)颜色搭配的忌讳

忌脏——背景与文字内容对比不强烈,灰暗的背景令人沮丧。

忌纯——艳丽的纯色对人的刺激太强烈,缺乏内涵。

忌跳——再好看的颜色,也不能脱离整体。

忌花——要有一种主色贯穿其中,主色并不是面积最大的颜色,而是最重要、最能揭示和反映主题的颜色,就像领导者一样,虽然在人数上居少数,但起决定性作用。

(7)几种常用的固定搭配

蓝白橙——蓝为主调。白底,蓝标题栏,橙色按钮或 ICON 图标做点缀。

绿白蓝——绿为主调。白底,绿标题栏,蓝色或橙色按钮或 ICON 图标做点缀。

橙白红——橙为主调。白底,橙标题栏,暗红或橘红色按钮或 ICON 图标做点缀。

暗红黑——暗红主调。黑或灰底,暗红标题栏,文字内容背景为浅灰色。

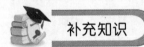
补充知识

店铺首页设计模块

确定了店铺的主色调后,就要开始对店铺的各个版块进行设计了。店铺的首页布局就如同一个商店的内部结构布置,有些店铺商品错落有序,店铺介绍、店铺活动醒目大方,商品分类清晰、明了,立即给进入商店的消费者一种轻松、便捷、愉快的购物心情。一般来说,店铺首页的设计要考虑以下几个模块。

1. 店招设计

店招也就是招牌,也就是我们进入店铺时第一眼看到的门脸,它位于店铺的最上方,同时在详情描述页、分类页、内页均会显示,可以说是网店店铺中曝光度最高的部分,它的重要性就自然不言而喻了。其实店招的设计要求就是简单、明了、迎合整店的风格,需要传播的内容主要包括店名、品牌(LOGO)、权重等元素,让客人知道你是卖什么的、品牌元素是什么、有什么独有的权重,总体来看这部分的设计主要属于形象设计,切勿面面俱到、本末倒置,很多店家把店内的活动、推荐商品、个人喜好的元素、图片全都放进来,乍看上去活像个万花筒。这么小的Banner放置这么多的内容就失去了它形象门脸的作用了,视觉上杂乱不堪、信息上没有重点,形象上更是无从谈起。

2. 导航设计

网店导航就是店铺附带的商品及店铺信息,这些信息包括品牌介绍、店铺介绍、售后服务、特惠活动等,导航的设置要根据自身实际情况而定,并不是越多越好,而是要结合自己店铺的运营,选取对自己店铺经营有帮助、相对竞争对手有优势的内容以及属于自己独有的店铺介绍、店铺文化等内容。导航内页在店铺运营中可以看作是"杀手锏",导航在首页布局中所占的比例并不大,但是它所附带传播的信息对于塑造店铺的个性化形象至关重要。

3. 首页海报

从结构上来看,目前海报的设置主要分为首屏的形象巨幅、展示模块的商品推荐海报。单张的海报设计,可以无拘无束,只要适合相应的产品,能表达出你所希望传达的内容即可,但是在网店中的海报设计必须结合首页整体的设计风格——将店铺的色彩、艺术风格等融为一体,充分地表现设计的整体性。因此,设计海报的人被称为设计或者美工,协调好整体页面设计的人才被称为设计师。

4. 活动模块

店铺的活动模块,是店家时效的营销活动的视觉展示部分,是吸引消费者的重要因素之一。活动模块设置结构是否合理、视觉设计是否可以吸引进入店铺的潜在消费者,店铺活动的内容及视觉效果将在消费者后续浏览商品的时候发挥巨大作用。往往消费者在购买同类商品过程中会因为店铺的活动以及喜好的视觉效果而做出最终决定。

5. 商品展示

我们在店铺首页上所能看到的商品都是通过各种展示形式得以实现的。其中最简单的方式就是网站自身商品展示系统,这也是店主自己常用的自定义选择,比如淘宝,一个区展示8个或者16个商品。当然这个是最简单也是最基本的方式,人人都会用。然而这样的展示方式既不直观、也不美观,更无从谈突出重点,店铺里会有一些商品是店家的主推商品,这些商品或者因为品质好、包装好、店家利润空间大等因素被店家定位为店里的主推商品,那么我们就该琢磨用什么样的方式在店里把这些商品展现出来——因此我们需要设计商品的展示模块,这样的模块可以是几张大幅的海报也可以是一组各式各样结构的展示架构,最终它以什么样的形式在消费者眼前展现出来将由设计师的创意决定。

6. 分类模块

店铺内的商品大多都是有分类的,尤其适用于商品比较多的店铺,最简单的方式就是在淘宝店铺后台分类管理里简单录入分类名称,这样首页就可以通过文字的形式把店铺中的分类展示出来。这样虽然可以起到分类的作用,但却是既不美观也不直观,很难与店铺的整体设计相融合,因此我们完全可以通过各种平面视觉的手法去装饰它、美化它,使其完美地与店铺融为一体。

三、网店装修中的注意事项

(一)定下大框架

就如同我们装修住房一样,在装修前要预先定一个大的框架,哪里做卧室,哪里做厨房,哪里做隔断,哪里设玄关。网店也是这样,店主装修前要有一个清晰的思路。店铺的特色是什么? 主营是什么? 目标客户是哪些? 自己要有一个明确的定位。

(二)和谐是美,风格与形式一定要统一

店铺装修除了整体要协调外,整体风格也要统一,在选择分类栏、店铺公告、音乐、计数器等东西的时候要有整体考虑。一会儿用卡通人物,一会儿用浪漫温馨,一会儿又搞笑幽默,风格不统一是装修的大忌。

(三)主题突出,切忌花里胡哨

店铺装修得漂亮,确实能更多地吸引买家的眼球,但千万别让店铺的装饰抢了商品的风头,毕竟我们是为了卖产品而不是秀店铺,弄得太多太乱反而影响商品效果。

（四）做好文字和图片的前期准备,避免用时忙乱

店名、店标、签名、商品图片、店铺公告的文字内容等,这些如果有条件的话可以事先准备好,如此一来可以大大提高装修的效率。如果提前准备有困难,那么最起码也要打好腹稿。

任务背景

开一家陶瓷店,专门售卖各种陶瓷工艺品及陶瓷生活用品,例如杯子、碗、玩具等。需要自己装修店铺,在此之前需要确定选择什么样的店铺页面风格及色调。

任务要求

1. 分组,三人一组;

2. 收集几张陶瓷用品的图片;

3. 要求确定店铺的整体风格类型,说明自己的店铺主要面对怎样的客户群体;

4. 设计店铺页面的主色调,并搭配其他辅助色调;

5. 使用 Photoshop 来设计一个颜色搭配合理的背景页面,将收集的图片整合到背景中去,看看自己设计的效果如何;

6. 教师对比看哪些小组的最终效果图比较优秀,向全班进行展示。

 课后思考与练习

1. 在装修店铺的时候,最先要做的工作是什么?

2. 哪些颜色搭配是正确的,哪些是不合理的? 为什么?

3. 装修店铺页面时需要注意哪些事项?

任务 2 设计页面背景图片

☼ **任务目标**

一、了解店铺页面背景图片的主要平铺方式；

二、能熟练使用 Photoshop 软件制作页面背景图。

☼ **知识储备**

页面背景是为了衬托店铺商品而设计的,页面背景的多样化,可以更直观地让买家了解店内活动,以及感受到店铺的个性和气息,为店铺增加气氛。店主可根据自己的需要制作。以淘宝网店铺的页面背景设计为例。淘宝页面背景分为很多种,如平铺背景、横向平铺背景、纵向平铺背景、宽屏背景等。

平铺背景图平铺后,店铺首页空白区域及模块底部都会显示该背景图片,如图 3-8 所示。

图 3-8　平铺背景图

我们可以看到,平铺背景图会使整张页面的色调趋于统一,不会出现空白区域,也就不会给人以单调的感觉。

纵向平铺背景图的宽度与屏幕是同宽的或者大于屏幕宽度,总宽度的居中位置为白色背景。这部分白色区域是居于店铺模板底部的,而模板左右两侧是显示背景图案的。如图3-9所示。

图3-9　纵向平铺背景图使用效果

一般来说,纵向平铺背景图不仅会像平铺背景图一样产生美观的效果,而且还会给人一种简洁清爽的感觉。

一、店铺页面背景的制作

如果设置的背景图尺寸为正方形,那么只能做平铺背景,如果是像素较高的矩形尺寸,则既可以做平铺背景也可以做其他背景。一般来说,尺寸的设置最好结合电脑显示器来进行设计。对于纵向平铺方式来说,考虑到显示器的尺寸,我们设计的背景图的宽度最好要大一些,不然可能会出现显示误差。高度的尺寸一般根据设计和输入的内容来确定就好。卖家可以根据需要进行背景的平铺方式选择。

在这里我们主要讲解格子背景图做背景的制作方法。格子背景图设计步骤如下。

1. 新建一个文件,宽度为2000像素,高度为90像素,分辨率为72像素/英寸。如图3-10所示。

图 3-10 新建文件

2. 在页面中,新建一条垂直参考线,使参考线垂直于页面中心,在总宽度 1000 像素的位置上。选择"视图"/"新建参考线"命令,设置"取向"为垂直,在"位置"处输入 50%,如图 3-11 所示。

3. 创建新图层。

4. 单击工具箱中的"前景色"将前景色和背景色设置为默认色,按钮给页面填充背景色。如图 3-12 所示。

图 3-11 新建参考线

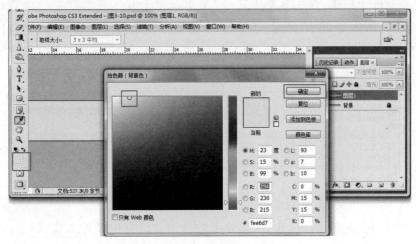

图 3-12 设置前景色

5. 在工具箱中选择"矩形选框工具" 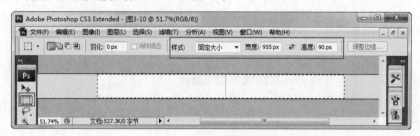，在属性栏中设置样式为"固定大小"，宽度为 955 像素，高度都为 90 像素。在页面中单击鼠标，就会出现一个 955 像素×90 像素的矩形选框，如图 3-13 所示。

图 3-13　绘制矩形选框

6. 新建一个图层，将前景色和背景色设置为默认色，按快捷键 D 恢复为默认色，将新图层填充为白色。按快捷键 Ctrl + D 取消矩形框。

7. 按快捷键 Ctrl + T 给白色矩形添加"自由变换"选框，按键盘上的方向键，将自由变换选框中间的 2 个小方块对齐参考线，对齐完成后，按 Esc 键退出自由变换选框状态，如图 3-14 所示。

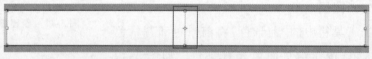

图 3-14　对齐参考线

8. 新建一个图层，在工具箱中选择"矩形选框工具"，在属性栏中设置样式为"固定大小"，宽度为 20 像素，高度都为 20 像素。在页面中单击鼠标，就会出现一个 20 像素×20 像素的矩形选框，如图 3-15 所示。

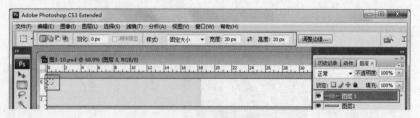

图 3-15　设置矩形选框

9. 选择"编辑"/"描边"命令，在弹出的描边对话框中设置宽度、颜色，位置设置为"内部"其他设为默认值。单击"确定"按钮完成描边。如图 3-16 所示。

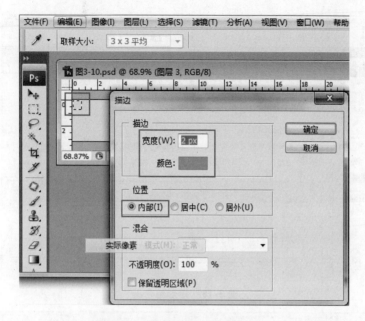

图 3-16　设置"描边"对话框参数

10. 按快捷键"V"切换为"移动工具",水平复制一个相同的矩形,复制出的新矩形需要与第一个刚好连接上。如图 3-17 所示。

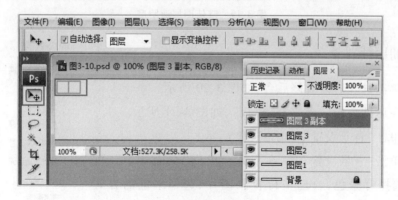

图 3-17　水平方向复制矩形

11. 以此类推,再复制一个矩形。第一排就显示成 1 个并排连接的矩形。将这些矩形组合起来,在 2000 像素 ×90 像素的页面中形成下面的图案。

12. 将刚刚建好的图案图层透明度降低,如图 3-19 所示。

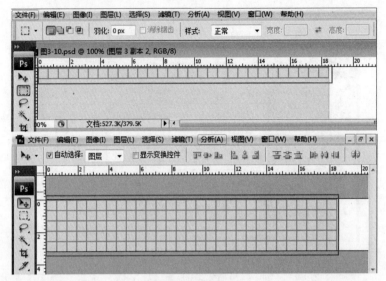

图 3-18 矩形组合图

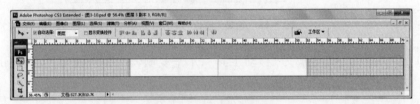

图 3-19 降低图层透明度

二、添加店铺背景

1. 单击进入店铺装修后台,如图 3-20 所示。

2. 在店铺装修后台单击"模板",如图 3-21 所示。

3. 单击"背景设置",如图 3-22 所示。

4. 单击"背景设置"后,在下方会出现"页面背景",可以自由选择背景色,自己上传背景图片、选择平铺的方式(横向/纵向/不平铺),背景是否应用模板,进行选择后点击保存,如图 3-23 所示。

5. 最后单击"发布",如图 3-24 所示。

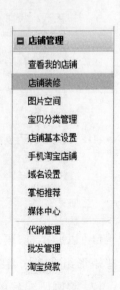

图 3-20 店铺装修界面

图 3-21 后台模板

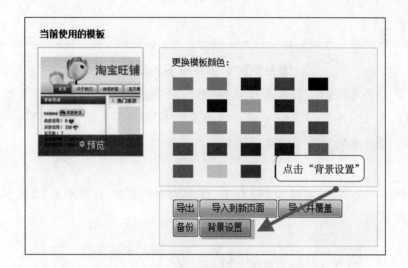

图 3-22 背景设置

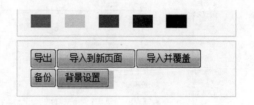

图 3-23 页面背景选择

图 3-24　发布背景

案例分享

节日促销页面背景图的制作

　　每当一些喜庆的节日到来的时候，我们想要烘托出店铺的节日氛围，可以将页面的背景图设置得比较有喜庆的感觉。同时展现促销信息。下面我们就来展示一下节日促销页面背景图的制作方法吧！

　　1. 新建一个文件，宽度为 160 像素，高度为 160 像素，分辨率为 72 像素/英寸，如图 3-25 所示。

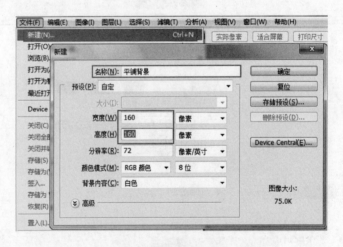

图 3-25　创建新文件

　　2. 单击工具箱中的"前景色"按钮给页面填充红色背景色。如图 3-26 所示。

　　3. 根据需要输入促销文字，如图 3-27 所示。

　　4. 陆续输入所有文字并进行排版，如图 3-28 所示。

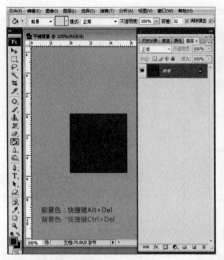

图 3-26　填充背景色

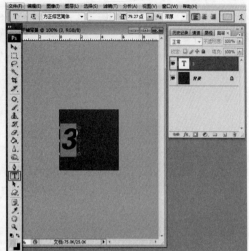

图 3-27　输入促销文字

图 3-28　对文字进行排版

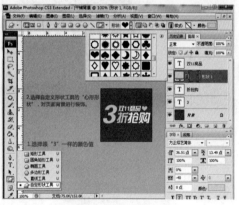

图 3-29　添加小装饰

5. 给背景图添加小装饰。

6. 旋转文字，喜欢倾斜图案的可继续此步骤，如图 3-30 所示。

7. 最终效果图示例，如图 3-31 所示。

8. 设置平铺背景图为背景，如图 3-32 所示。

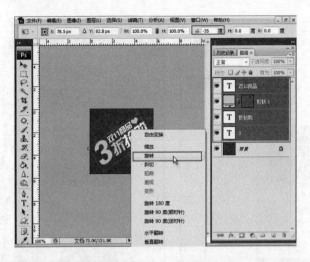

图 3-30　旋转文字

第六步效果图

第七步效果图

图 3-31　最终效果图

图 3-32　设置为平铺背景

本节任务

任务背景

你的陶瓷店迎来了一年一度的店庆,你需要换一个合适的店庆促销页面背景,这样客户一进来看到背景就知道你们在进行店庆打折活动。你们的活动是"店庆全场6折包邮"。你喜欢有规律的格子条纹的背景。

任务要求

1. 分组,三人一组;

2. 使用 Photoshop 来设计一个符合背景要求的背景页面,不仅要有文字信息还要有格子条纹;

3. 教师对比看哪些小组的最终效果图比较优秀,向全班进行展示。

课后思考与练习

1. 在设计页面背景图的时候有哪些平铺方式? 能说一说平铺和纵向平铺的区别吗?

2. 说一说不同的平铺方式会有哪些不同的效果。

任务 3　设计网店店招

☼ 任务目标

一、了解店铺店招的重要性及设计的注意事项；

二、能熟练根据需要设计合适的店招；

三、能熟练将制作的店招上传到店铺中进行应用。

☼ 知识储备

店招也就是店铺的招牌，也就是我们进入店铺时第一眼看到的门脸，它位于店铺的最上方，同时还会在详情描述页、分类页、内页都会显示，可以说是网店店铺中曝光度最高的部分，它是一个店铺的象征。一个好的店招能够传达店铺的经营理念，突出店铺的经营风格，彰显店铺的形象。

店招的设计一般要求简单、明了、迎合整店的风格，需要传播的内容主要包括：店名、品牌（LOGO）、活动等元素，让客人知道你是卖什么的、品牌元素是什么、有什么新的信息等。

课　堂　讨　论

有些人容易将店招和店标的概念弄混，你知道店标是什么吗？他们的区别是什么？（店标的概念详见《电子商务网店经营与管理》一书）

在淘宝网中，制作和应用旺铺店招需要注意以下几点事项：

1. 目前，淘宝只支持 GIF、JPG、PNG 格式的店招图片；

2. 店招图片推荐尺寸为 950 像素 × 150 像素，大于这个尺寸的部分就会被截掉；

3. 上传店招图片时，可以选择引用到当前页面或者整个店铺的页面中；

4. 图片的大小不能超过 100K。

那么如何使用 Photoshop 软件来制作店招的图片呢？下面我们以一个箱包店为例来制作店招。

1. 新建一个文件，宽度设置为 950 像素，高度设置为 150 像素，如图 3-33 所示。

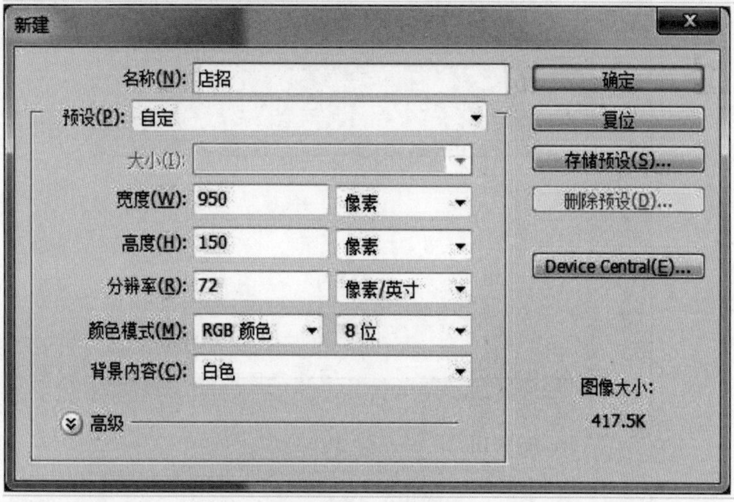

图 3-33 新建文件

2. 确定之后新建一个图层，如图 3-34 所示。

图 3-34 新建图层

3. 选择工具箱中的"渐变"工具，在工具属性栏上单击"可编辑渐变"按钮，如图 3-35 所示。出现"渐变编辑器"对话框，设置渐变颜色，如图 3-36 所示，在"选择色标颜色"面板的颜色拾取器中直接点选需要的颜色，这里我们使用

"d1f5f7"这个色号,单击"确定"按钮完成选择。

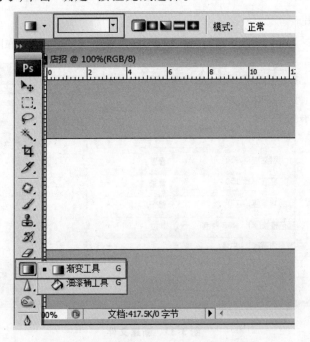

图 3-35　设置可编辑渐变

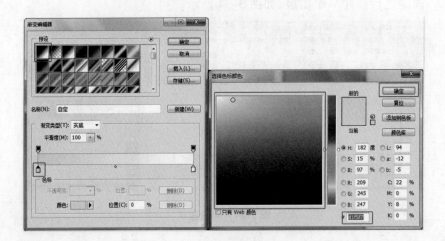

图 3-36　设置颜色

4. 在文档中填充渐变颜色,如图 3-37 所示。

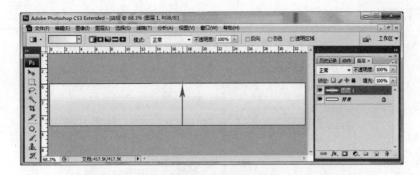

图 3-37 设置填充

5. 新建一个图层,选择工具箱中的"自定义形状"工具 ，在选项栏中单击"形状"右边的按钮,在弹出的列表框中选择相应的形状,如图 3-38 所示。

图 3-38 选择形状

6. 在选项栏中将"填充"颜色设置为"8ce1d6",在舞台中绘制形状,并且填充颜色,如图 3-39 所示。

图 3-39 绘制形状

7. 打开"图层"面板，将不透明度设置为50%，如图3-40所示。

图 3-40　设置不透明度

8. 选择工具箱中的"横排文字"工具，如图3-41所示。

9. 设置字体大小并输入所需文字内容，在字体工具的工具属性栏中，将文字"字体"设置为"方正静蕾简体"，"大小"为"50点"，"消除锯齿"为"浑厚"，"颜色"为"075c25"，如图3-42所示。

图 3-41　横排文字

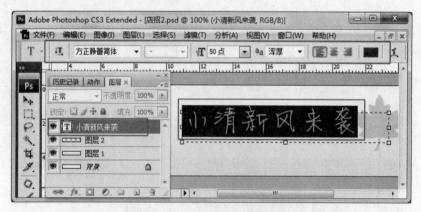

图 3-42　输入文本并设置文字样式

10. 按照以上操作步骤,输入另外一行文字内容,店招的文字内容就输入完毕了。输入文字时会自动生成图层,效果如图 3-43 所示。

图 3-43

11. 选择"文件"/"打开"命令,打开图像文件,单击"确定"按钮完成,如图 3-44 所示。

图 3-44　打开并选择图像

12. 在工具箱中选择"移动工具" 拖动打开的包包图到合适的位置,然后调整图像大小,效果如图 3-45 所示。

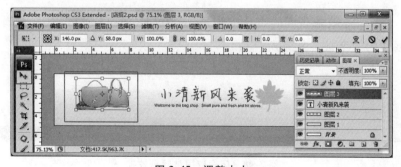

图 3-45　调整大小

13. 选择工具箱中的"横排文字",在舞台合适的位置输入相应的文字在字体工具的工具属性栏中,将文字"字体"设置为"方正小标宋简体","大小"为"23点","消除锯齿"为"浑厚","颜色"为"f796a1",效果如图 3-46 所示。

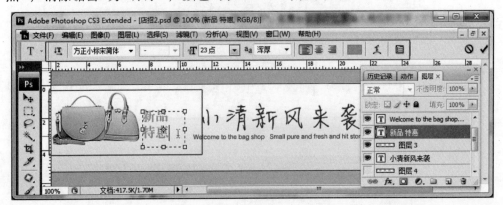

图 3-46　输入文本

14. 选择"移动工具"在"图层"选择需要移动的文字图层和图片图层,将它们彼此调整组合在一起,将编排好的文字内容居于整个页面的上方。

15. 店招的总高度是 150 像素,但是 150 像素中还包含导航条的高度。预留导航条高度的招牌应用后,效果如图 3-47 所示。

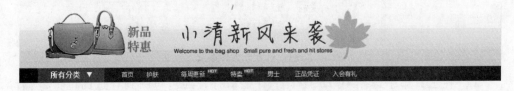

图 3-47　店招应用正常效果

16. 未预留导航条高度的照片应用后,效果如图 3-48 所示。(我们看到的店招预先制作的文字被导航条所遮盖)

图 3-48　店招应用被遮盖效果

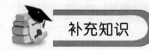

补充知识

将店招应用到店铺中

如何将设计好的店招应用到淘宝店铺中呢?具体步骤如下。

1. 登录淘宝"卖家中心"/"店铺管理"/"店铺装修",如图 3-49 所示。

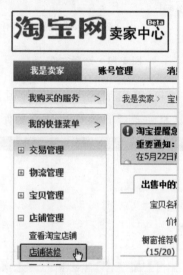

图 3-49　进入店铺装修

2. 在店招的位置单击右边的"编辑"按钮,如图 3-50 所示。

图 3-50　选择编辑

3. 打开"店铺招牌"页面,在"背景图"中单击"选择文件"选项,如图 3-51 所示。

图 3-51　选择文件

4. 单击"上传新图片"按钮,在左下角点击"添加图片"按钮,弹出"选择要上传的文件"对话框,在该对话框中选择设计好的店招文件,如图 3-52 所示。

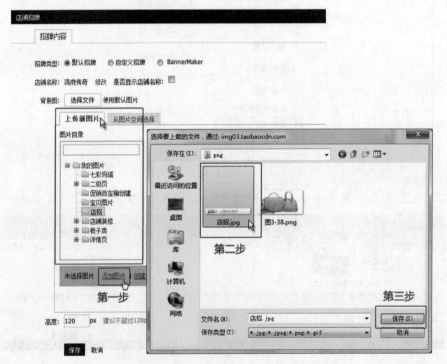

图 3-52　添加要上传的店招文件

5. 选择文件后单击"上传"按钮,上传完成后即可单击"插入"按钮,如图 3-53 所示。

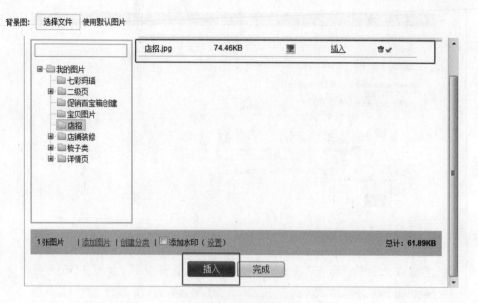

图 3-53 上传后插入

6. 选择后即可插入店招文件,在店铺名称后面的"是否显示店铺名称"后面去掉勾选,如图 3-54 所示。

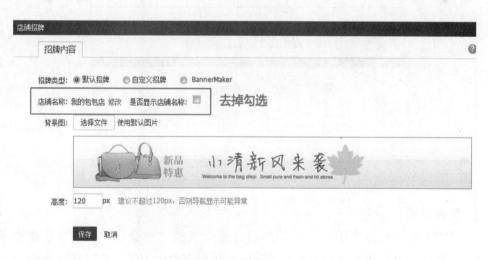

图 3-54 去掉勾选

7. 单击"保存"按钮,即可添加店招文件,如图 3-55 所示。

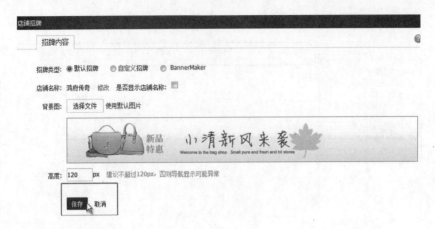

图 3-55　保存

8. 单击右上角的"发布"按钮，即可预览店铺页面效果，如图 3-56 所示。

图 3-56　预览效果

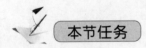 本节任务

任务背景

针对上一个任务中的店庆活动你们打算再更换一个合适的店招。店招中不仅要有陶瓷用品的图形还要有"店庆全场 6 折包邮"的文字。最好是和页面背景比较搭配的色调。

任务要求

1. 分组，三人一组；

2. 拍摄或者下载几张陶瓷用品的照片；

3. 使用 Photoshop 来设计一个符合要求的店招，要求店招美观简洁；

4. 教师对比看哪些小组的最终效果图比较优秀，向全班进行展示。

 课后思考与练习

1. 说一说制作和应用旺铺店招需要注意哪些事项？

2. 店招的设计可以包含哪些信息？

任务 4　制作商品描述模板

☼ 任务目标

一、了解商品描述模板的设计要求；

二、能熟练使用 Photoshop 设计商品描述模板；

三、能熟练发布设计好的商品描述模板。

☼ 知识储备

商品描述模块相信大家都很熟悉。我们无论在网上买什么东西必定要仔细查看商品描述的模块，以了解商品的各种细节的介绍，包括商品的图片展示、功能的描述、买家必读等。商家要想成功销售自己的商品，必须要在商品描述模块上下功夫，以吸引买家进行交易。商品描述模板通常是指包含在商品描述以内的商品介绍页面。我们可以通过 Photoshop 将这样一个页面设计成模板，其他商品都可以使用这个模板来进行商品的展示。

一、商品描述模板的设计要求

在制作商品描述模板和进行设计前，需要了解并注意一些事项。

（1）商品描述模板就是店铺的形象页面，其他设计如公告栏、店标、签名等也会根据风格展开设计，所以商品描述模板的设计风格非常重要。

（2）商品描述页是应用在网页上的，卖家可以通过浏览器来浏览，所以商品描述的设计需要符合 HTML 语法的要求。

（3）为了让商品描述页面在浏览器中尽可能快地显示，建议不要在商品描述模板中使用过多的大图。

（4）在商品店铺管理页面上直接设计商品描述并不方便，建议先在本地设计好商品描述模板，并将相关的图片上传到相册，然后将模板的 HTML 代码粘贴到店铺描述的设置上。

（5）商品描述页上的图片地址链接必须正确，否则图片在页面上将不能显示。

二、设计商品描述模板

这里主要讲述使用 Photoshop 设计的过程，具体操作步骤如下。

1. 启动 Photoshop，选择"文件"/"新建"命令，新建空白文档。将"宽度"设置为 550 像素，"高度"设置为 650 像素，"背景内容"设置为"背景色"。如图 3-57 所示。

图 3-57 新建文件

2. 选择工具箱中的"矩形工具" ，在舞台中绘制矩形，效果如图 3-58 所示。

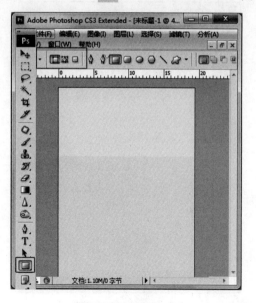

图 3-58 绘制矩形

3. 选择工具箱中的"椭圆工具",在舞台中绘制椭圆,如图 3-59 所示。

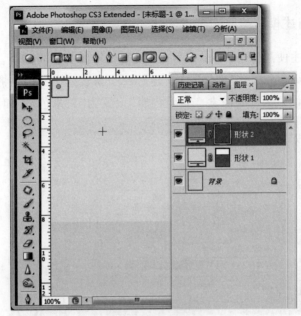

图 3-59　绘制椭圆

4. 选择工具箱中的"椭圆工具",绘制更多的椭圆,如图 3-60 所示。

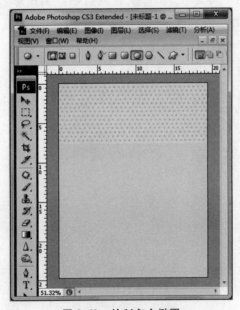

图 3-60　绘制多个椭圆

5. 选择工具箱，如图 3-61 所示。

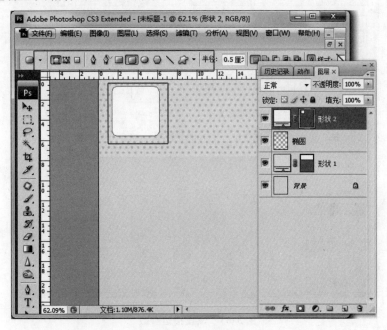

图 3-61　绘制圆角矩形

6. 选择混合选项中的"描边" *fx*，如图 3-62 所示。

图 3-62　选择"描边"

7. 在混合选项中，设置描边参数，如效果图 3-63 所示。

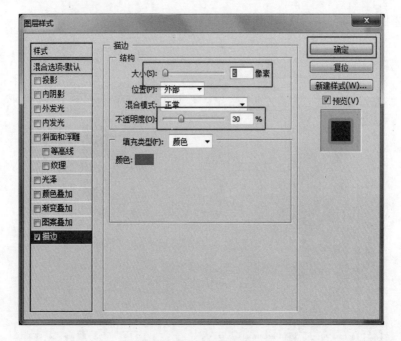

图 3-63　设置描边参数

8. 复制一个"圆角矩形"图层,如效果图 3-64 所示。将复制的"圆角矩形副本"图层移至舞台合适的位置,如图 3-65 所示。

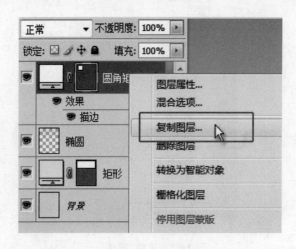

图 3-64　复制图层

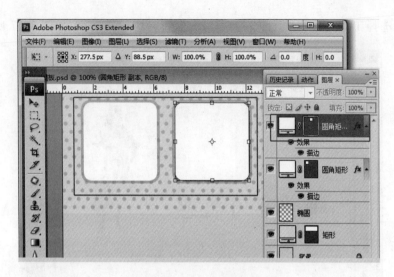

图 3-65　移动复制的图层

9. 选择"文件"/"置入"命令,置入一幅图像,并将其放到合适的位置,如图 3-66 所示。

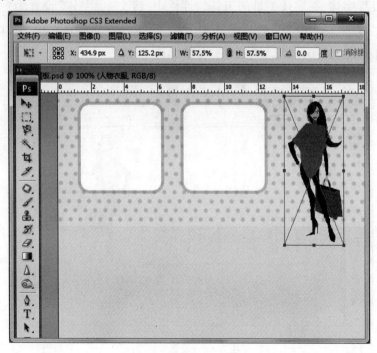

图 3-66　置入图像

10. 选择工具箱中的"横排文字"工具，在舞台中输入文字，如图3-67所示。

图3-67　输入文字

11. 设置字体：在字体工具的工具属性栏中，将文字"字体"设置为"方正小标宋简体"，"大小"为"50点"，"消除锯齿"为"犀利"，字体颜色"萌"为"000000"，"妹子小性感"为"ec0033"，如图3-65和图3-68所示。

图3-68　设置字体

12. 选择"图层"/"图层样式"/"描边"命令，弹出"图层样式"对话框，如图 3-69 所示。将"大小"设置为"3"，颜色为"fcba5d"，如图 3-70 所示。

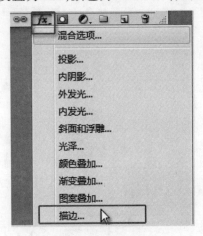

图 3-69　描边命令

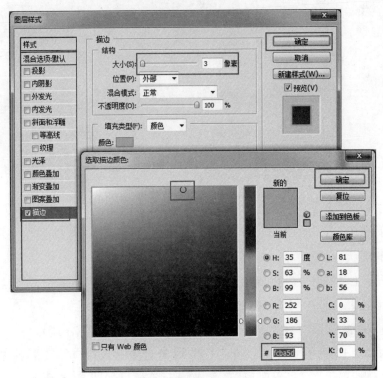

图 3-70　选择描边颜色

13. 单击"确定"按钮,设置描边效果,如图 3-71 所示。

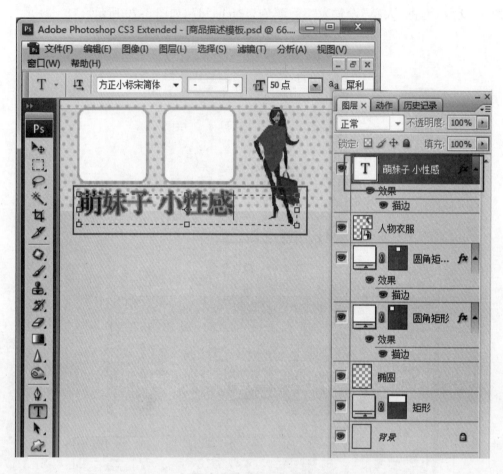

图 3-71 设置描边效果

14. 选择工具箱中的"自定义形状"工具 ■ 自定形状工具 U,在选项栏中选择相应的形状,在舞台中绘制多个星形,如图 3-72 所示。

15. 选择工具箱中的"圆角矩形"工具,在舞台中绘制圆角矩形,并设置图层投影和内阴影效果,如图 3-73 所示。

16. 选择"视图"/"标尺"命令,建立所需参考线,如图 3-74 所示。

17. 选择工具箱中的"横排文字"工具,在舞台中输入相应导航文字,在舞台中输入文字"模特展示"、"尺码对照"、"细节展示",效果如图 3-75 所示。

图 3-72 绘制多个星形

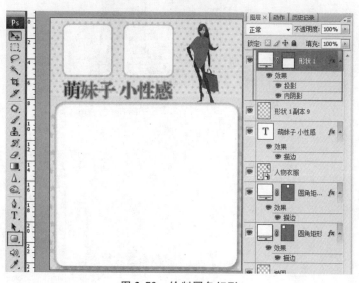

图 3-73 绘制圆角矩形

图 3-74　建立参考线

图 3-75　输入相应导航文字

至此,模板的制作就完成了。一般制作的模板还需要将图片切割为适合网页应用的元素,然后再使用 Dreamweaver 生成网页代码。完成之后再进行商品描述的发布。由于后面的两个项目中会详细介绍图片切割和 Dreamweaver 图文排版,因此这部分内容在此不再介绍。

三、发布商品描述模板

发布商品描述模板的具体操作步骤如下。

1. 登录我的淘宝后台管理页面,单击"店铺管理"/"店铺装修"链接,如图 3-76 所示。

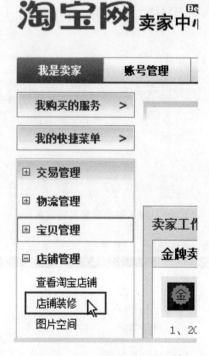

图 3-76　进入店铺装修页面

2. 进入店铺装修"商品详情页",单击商品描述信息下的"添加模块"按钮,如图 3-77 所示。

3. 弹出"添加模块"页面,单击"自定义内容区"后的"添加"按钮,如图 3-78 所示。

4. 此时在商品详情页添加了"自定义内容区",单击"编辑"按钮,如图 3-79 所示。

图 3-77　添加模块

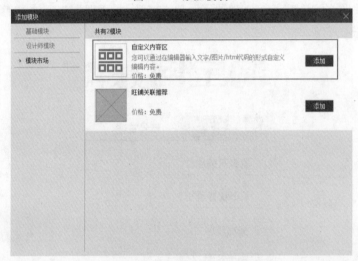

图 3-78　添加自定义内容区

图 3-79　单击"编辑"按钮

5. 弹出"自定义内容区"窗口,单击"源码"图标,如图 3-80 所示。

图 3-80　单击"源码"图标

6. 在编辑内容区中粘贴从 Dreamweaver 复制好的代码文件,如图 3-81 所示。

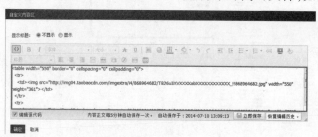

图 3-81　输入复制好的代码文件

7. 单击"保存"按钮,即可上传模板文件,如图 3-82 所示。

图 3-82　保存和上传模板

8. 单击"发布"按钮,然后查看店铺效果,如图 3-83 所示。

图 3-83　发布后的效果

任务背景

针对前面任务中的店庆活动你们打算再更换一个合适的商品描述模板。商品描述模板中要有一些店庆活动的基本信息,如"店庆全场 6 折包邮",还有"我们一直在努力满足您的需要"等文字信息。另外,还要包括商品展示、商品描述、买家必读和商品包装四个内容模块。

任务要求

1. 分组,三人一组;

2. 拍摄或者下载几张陶瓷用品的照片;

3. 使用 Photoshop 来设计一个符合要求的商品描述模板,要求模板美观简洁实用;

4. 教师对比看哪些小组的最终效果图比较优秀,向全班进行展示。

课后思考与练习

1. 说一说制作和应用商品描述模板需要注意哪些事项？
2. 从制作商品描述模板到模板的应用一共需要几个步骤？简单说一说。

☼ 本项目知识回顾

一张图片处理得再好也是单独的画面，顾客进入店铺之后不可能只在意一张或几张图片的视觉效果，相对来说，顾客更在意的是整张页面的视觉效果。因此，图片在店铺中以怎样的形式进行排列和展现也是影响顾客判断的一个重要影响因素，这就是我们本项目中学习的店铺页面设计。

在本项目中我们主要学习了如何来确定店铺的整体装修风格、如何根据风格来进行页面背景图的设计，以及如何对店铺的店招和商品描述模板进行设计。当然页面设计的内容远不止这些，还有很多店铺的其他模块的设计，但是相对于设计工具 Photoshop 来说，其原理都是一样的。不管掌握哪些模块的设计技巧，我们都要明白的一点是，进行店铺页面设计都是先设计整体风格，然后在整体风格的框架下设计独立的模块。

相对来说，设计店铺的商品描述模板是比较难的部分，也是最为关键的部分。因为商品描述部分是顾客接触最多的页面，顾客可能会长时间停留在该页面并进行反复的查看，因此好的商品描述模板很可能会是商品销售业绩的一个良好助推剂。

通过本项目的学习，你有哪些心得体会？

_____

_____

_____

_____

项目四
Fireworks 图片切割与优化

在 Fireworks 或者是 PhotoShop 中设计好的网页效果图,需要导入到 Dreamweaver 中进行排版布局。在导入到 Dreamweaver 前,可以使用 Fireworks 对效果图进行切片和优化,然后才能够把优化好的切片输出到 Dreamweaver 的站点中进行布局。切片的目的是为了获得图像素材,也就是说能够通过写 XHTML 语言脚本实现效果的部分,就不需要切片,而必须用图像的地方,则一定要切片。

Fireworks 是网页制作者设计网页的专业软件工具,是一个创建优秀、高质量的 JPEG 和 GIF 图像的工具软件。它可以直接将 Fireworks 图形导出为 HTML 或是 JavaScript 代码,也可以直接在图形上插入链接。在 Fireworks 中可以使用矢量工具绘制图形,也可以在位图模式下进行图像的编辑。

由于 Fireworks 与 Photoshop、Flash 是同一家公司开发的,其界面和使用上有很多相似之处。所以,在学习了 Photoshop、Flash 软件的基础上再学习 Fireworks 时,大家会发现相对更容易上手一些。

在本项目中,你将学习如何对制作好的图片进行切割与优化。

本项目需要学习和完成以下任务

▶ 任务 1　Fireworks 图片切割

▶ 任务 2　Fireworks 图片优化与保存

▶ 任务 3　Fireworks 批处理

任 务 1 Fireworks 图片切割

☼ **任务目标**

一、了解图片切割在网页制作中的作用；

二、掌握运用 Fireworks 对图片进行切割的方法。

☼ **知识储备**

在网店装修过程中，我们可能会发现在一张促销广告图或者一张组合的大图上，需要设置多个链接来指向不同的产品页面。这个时候有两种解决方法，一种是直接在 Dreamweaver 中设置热点链接，不过热点多了的话再进行编辑和修改就会变得很复杂；第二种方法是把这张图按照需要先切割成一个个的切片，然后再放置到 Dreamweaver 中进行图片链接，一个切片对应一个链接。第二种方法比较简单实用。因此，我们需要先学习图片切割的方法。

一、切片在网页制作中的作用

图片切割简称为切片。所谓切片（Slice）就是将一幅大图像分割为一些小的图像切片，然后在网页中通过没有间距和宽度的表格重新将这些小的图像没有缝隙地拼接起来，成为一幅完整的图像。

在网页上的图片较大的时候，浏览器下载整个图片的话需要花很长的时间，切片的使用使得整个图片分为多个不同的小图片分开下载，这样下载的时间就大大地缩短了，能够节约很多时间。在目前互联网带宽还受条件限制的情况下，运用切片来减少网页下载时间而又不影响图片的效果，这不能不说是一个两全其美的办法了。

除了减少下载时间外，切片还有以下优点。

• 制作动态效果：利用切片可以制作出各种交互效果。

● 优化图像:完整的图像只能使用一种文件格式,应用一种优化方式,而对于作为切片的各幅小图片我们就可以分别对其优化,并根据各幅切片的情况还可以存为不同的文件格式。这样既能够保证图片质量,又能够使得图片变小。

● 创建链接:切片制作好了之后,就可以对不同的切片制作不同的链接,就不需要在大的图片上创建热区了。

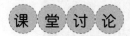

说一说在哪些情况下我们需要对图片进行切片处理?

二、创建切片

Fireworks在网页切片制作方面有很强的优势,今天我们就来学习 Fireworks网页切片的使用。

使用 Fireworks工具箱上的切片工具可以为已经制作好的图片创建切片。如图4-1所示,切片工具有两类,分别为"矩形切片"工具(Slice tool)和"多边形切片"工具(Polygon Slice tool)。

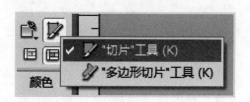

图4-1　两类切片工具

(一)创建矩形切片

首先在 Fireworks中打开制作好的网页效果图,选择"文件"/"打开",选择图片并确认,打开图像,选择工具箱上的切片工具,在图像的适当位置上按下鼠标左键并拖动绘制一个矩形区域,当矩形大小适当时释放鼠标,这样就生成了一个切片,如图4-2所示。该切片区域被称为切片对象,另外 Fireworks根据切片对象的位置以红色分割线对图像进行了分割,称为切片向导。

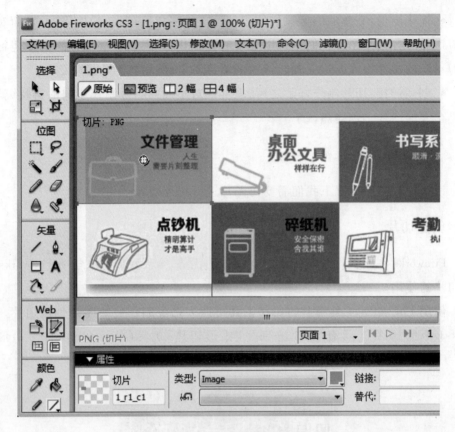

图 4-2　绘制矩形切片

要使切片与对象区域紧密匹配,可以先选中要制作成为切片的对象,然后点击"编辑"菜单,选择"插入"/"切片";如果选择了多个对象,则会出现一个如图 4-3 所示的对话框,选择"多个"按钮,可以创建多个切片,如图 4-4 所示。

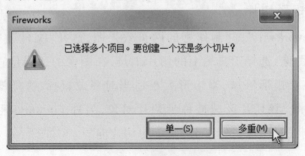

图 4-3　提示对话框

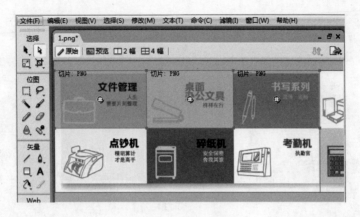

图 4-4　制作多个切片

选择切片对象时的注意事项

切片的时候要尽量保证所有的切片和被切片的图像尺寸一致，可以放大图像进行观察，对其切片的边缘。

实际操作过程中需要注意以下的三点：

- 切片大于需要切割的图片部分；
- 切片不能小于被切割的图片部分；
- 切片和切片之间一定不能重叠。

一旦切片没有切割准确，在后期排版时就会很难对齐，页面分布就会错位。

（二）创建多边形切片

如图 4-5 所示，打开一幅图像，可以利用多边形切片工具在多边形的每个顶点单击制作多边形切片，如图 4-6 所示。

由图 4-6 可见，图像中的切片向导仍然是水平和垂直的，生成的切片文件也还是矩形的。实际上多边形切片的形状主要是用于设置相应的行为触发区域的。如果切片对象被设置了链接，那么在浏览器中显示的时候，只有点击到多边形区域时才会实现链接跳转，而在这个切片的其他区域则不会出现链接跳转。

图 4-5 打开图像

图 4-6 创建多边形切片

同理,如果切片和对象区域完全符合或者说用户是基于路径对象制作切片,只需点击"编辑"菜单,再选择"插入"/"切片"即可。

三、编辑切片

如果要选取切片,可以利用指针工具、部分选定工具来选中它,也可以使用层面板来进行;选中切片后,若要移动切片可以利用鼠标、方向键或者属性面板的位置值。

如果需要改变热切片的颜色,只需要在图 4-7 所示的切片属性面板中的切片颜色框中选择所需要的颜色即可。

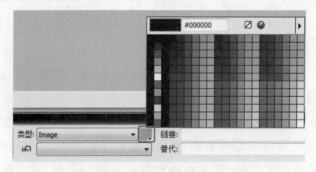

图 4-7 切片颜色框

在切片属性面板中,类型栏的下拉菜单中有图像和 HTML 两项,选择 HTML 会出现图 4-8 所示的面板,单击按钮,在图 4-9 所示的弹出窗口中设置 HTML 代码可以创建一个文本链接。

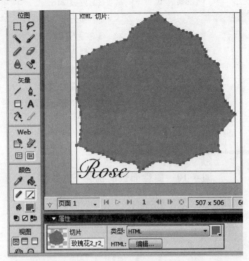

图 4-8　面板

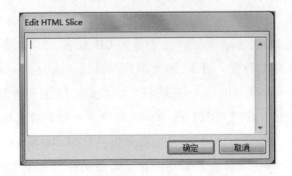

图 4-9　编辑 HTML 切片对话框

此外,在属性面板的优化下拉列表中还有几类优化方式,我们可以依据实际情况选择一种优化方式,如图 4-10 所示。

可以利用工具箱上的隐藏切片和热点工具来将选中的切片隐藏起来,需要显示切片的时候单击显示切片和热点工具即可将切片显示出来。我们还可以利用层面板上的眼睛图标显示或隐藏该切片。

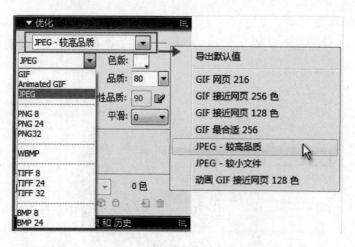

图 4-10 属性面板的优化下拉列表

补充知识

Fireworks 软件介绍

Fireworks 是 Macromedia 公司发布的一款专为网络图形设计的图形编辑软件，它大大简化了网络图形设计的工作难度，无论是专业设计家还是业余爱好者，使用 Fireworks 都不仅可以轻松地制作出十分动感的 GIF 动画，还可以轻易地完成大图切割、动态按钮、动态翻转图等。因此，对于辅助网页编辑来说，Fireworks 将是最大的功臣。借助于 Macromedia Fireworks 8，我们可以在直观、可定制的环境中创建和优化用于网页的图像并进行精确控制。Fireworks 作为业界领先的优化工具可帮助我们在最佳图像品质和最小压缩大小之间达到平衡。它与 Macromedia Dreamweaver 和 Macromedia Flash 共同构成的集成工作流程可以创建并优化图像，同时又能避免由于进行 Roundtrip 编辑而丢失信息或浪费时间。利用可视化工具，无须学习代码即可创建具有专业品质的网页图形和动画，如变换图像和弹出菜单等。

2005 年，Adobe 用 34 亿美元收购 Macromedia 公司，Fireworks 随之跟随至 Adobe。

众所周知，在网页上的 jpg 图片如果过大，会严重影响页面的打开速度，Fireworks 提供优化图片的功能，即缩小图片的 KB，而且不影响画面的质量（除非放大了与原图对比）。由于很多人喜欢用 Photoshop 制作 jpg 图片，所以它的容量会很大（因为它是适合处理印刷品，要求比较清晰），最终还是要用 Fireworks 来处理一下。

作为 Macromedia 家族的一员,三剑客之一的 FW,这款软件的主要任务和特色就是制作矢量图为网页服务,FW 也是 Flash 的最佳伴侣,在三剑客的 MX 系列中,FW 和 Flash 的联系更为紧密,所以无论是网页制作和 Flash 制作,FW 都是不可或缺的利器。在 FW 多年的应用实践过程中,我们无时无刻不在感受她的卓越和便利。的确,网页制作看重的是效果和速度,并不是看用的软件专业与否,用了多少个软件作出的网页。设计师作出的网页是为了让大家接受而不是显示自己的本领,在这样的前提下,FW 的确是最好的选择,有最好的矢量图效果和最快的速度。

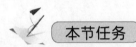

本节任务

任务背景

你有一家自己的淘宝服装店,最近你自己设计了一些促销广告图,图中包含的信息比较多,好几个产品的图片合在了一起,你希望顾客只要点击喜欢的服装图就可以跳到该服装的商品销售链接。但是你将图片上传到网页上后发现链接根本无法生效。原来你之前根本没有将图片进行切割。因此,你现在的工作是将制作好的促销广告图进行切割。

任务要求

1. 分组,三人一组;

2. 自己先使用 Photoshop 制作一张包含多张服装图片的促销广告图;

3. 使用 Fireworks 将制作好的图片按照服装活动进行切割。要求切割精准无误差;

4. 教师对比看哪些小组的切割结果比较准确,向全班进行展示。

(注:如需要保存切割好的图片,请参照任务 2 中的方法进行保存。)

课后思考与练习

1. 说一说为什么要对图片进行切割?

2. 如何避免图片切割边缘不准确的问题发生?

3. 图片切割完成后还需要做哪些工作才能上传到网页中?

任务 2　Fireworks 图片优化及保存

☼ 任务目标

一、了解 Fireworks 图片优化的含义；

二、掌握运用 Fireworks 对图片进行优化的方法；

三、能熟练导出切割和优化完成的图片。

☼ 知识储备

图片优化的原因在于网页对图像的要求是非常严格的,图片的品质不仅要好,而且存储空间也要足够小。这样别人在访问我们的店铺的时候才能够看到显示速度非常快的优质图片,从而让买家产生更好的购物体验。

一、切片图片的优化

切片完成后,选择 Fireworks 中的"2 幅"窗口,如图 4-11 所示。在这个窗口的左侧,是可编辑的原图,而在这个窗口的右侧,则是优化以后的图像。在这个窗口

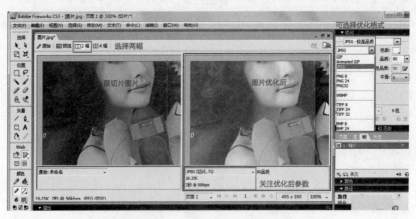

图 4-11　Fireworks 的"2 幅"窗口

的下方,可以看到关于每一个切片的文件量和下载时间等信息。

其具体的操作步骤如下:

按快捷键 F6,打开 Fireworks 优化面板,使用"指针"工具,在"2 幅"窗口的左侧依次选择切片,然后在优化面板中进行相应的优化操作,最终优化后的图像效果,可以在"2 幅"窗口的右侧进行观察,如图 4-12 所示。

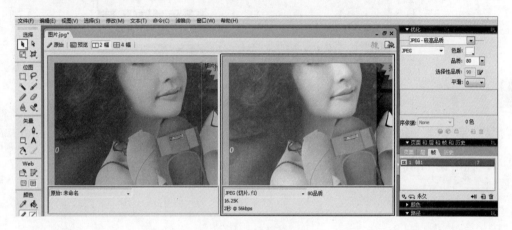

图 4-12　对切片进行优化

二、单张图片的优化

有时候我们制作的图片原片还是需要继续进行优化的。如果原片太大,会影响到买家打开的速度。而我们通过调整品质,在不影响图片的分辨率和图片的观看效果的前提下,图片的大小会发生变化。操作步骤如下:

用 Fireworks 打开一张比较大的原图,通过按 F6 快捷键就可以对图片进行优化处理。如图 4-13 所示,箭头所指的地方我们可以看到品质为 99,单击这个框边的下三角按钮,就可以设置品质,也可以直接调整品质数据。一般建议大家在调整时将品质数据设置为 80 左右,不影响图片效果就可以了。

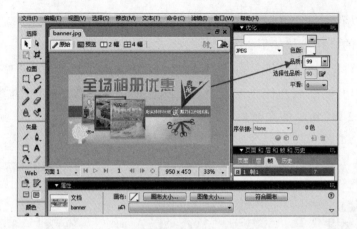

图 4-13　图片优化调整

说一说 Fireworks 对单张图片的优化和对切片图片的优化有何区别？

三、图片导出保存

对每一张切片进行优化后,就可以导出所有的图像素材了。

1. 选择"文件"/"导出"命令(快捷键为"Ctrl + Shift + R"),会弹出 Fireworks 的导出对话框,如图 4-14 所示。

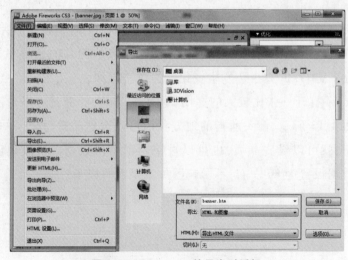

图 4-14　Fireworks 的导出对话框

2. 在导出对话框中的"导出"下拉列表中选择"HTML 和图像"选项,这样可以激活面板右下角的"选项"按钮,单击"选项"按钮,打开"HTNL 设置"对话框,如图 4-15 所示。

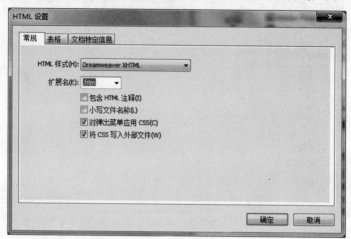

图 4-15 HTML 设置对话框

3. 切换到"文档特定信息"选项卡,设置导出后所有切片的命名规则,可以使用文档名称加切片序号的方式来命名,这样做的目的是为了尽量让切片的名称变得简短,如果切片名称太长,在网页中写脚本的时候字符数量就会增加,网页文件的文件量也就会随之增加,如图 4-16 所示。设置完毕后,单击"确定"按钮,返回"导出"对话框。

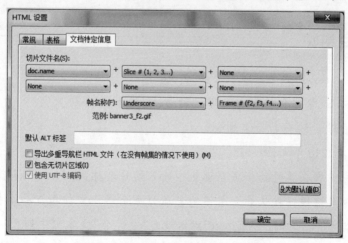

图 4-16 选择"文档特定信息"选项卡

4. 更改"导出"对话框中的"导出"类型为"仅图像"。这样导出以后只会根据切片来生成图像而不会生成网页,在"文件名"文本框中输入希望的文件名称,建议命名规则简单易记,如图 4-17 所示。

图 4-17 "导出"对话框

命 名 切 片

在 Fireworks 中命名切片有如下三种方式:自动命名切片文件、自定义命名切片文件和更改默认的自动命名惯例。

1. 自动命名切片文件

如果用户没有在属性面板或层面板中输入切片名称,则 Fireworks 会为切片自动命名。自动命名将根据默认的命名惯例自动为每个切片文件指定一个唯一的名称。在导出经过切片的图像时,于"Export"对话框的"文件名"文本框中输入一个名称。注意不要添加文件扩展名,因为 Fireworks 会在导出时自动向切片文件添加文件扩展名。

2. 自定义命名切片文件

为了能够在站点文件结构中轻松地标识切片文件,用户可以为切片自行命名。自定义命名切片有两种方法:在画布上选择切片,在属性面板的 Slice 框中输入一个名称,然后按回车键;在层面板中双击切片的名称,输入一个新名称,然后按回车键。

3. 更改默认的自动命名惯例

还可以在"HTML Setup"对话框的"Document Specific"(文档特定信息)选项栏中更改切片的命名惯例。点击"File"菜单,选择下拉菜单的"HTML Setup",如图 4-18 所示在弹出的对话框中选择"Document Specific"选项栏。我们可以用多种多样的命名选项来生成自己的命名惯例,创建的命名惯例最多可包含六个元素。每个元素具体解释如图 4-18 所示。

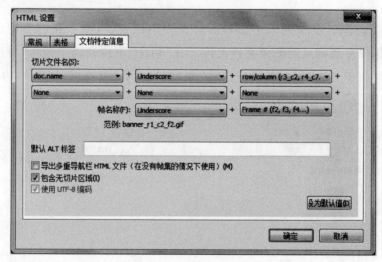

图 4-18　文档特定信息项目栏

* None:元素不应用任何名称。

* doc. name:元素采用文档的名称。

* slice:可以向命名惯例中插入"slice"一词

* Slice(1、2、3...)/Slice(01、02、03...)/Slice(A、B、C...)/Slice(a、b、c...):根据所选择的特定样式,按数字顺序或字母顺序对元素进行标记。

* row/column(r3_c2、r4_c7...):row(r##)和 column(c##)指定 Web 浏览器用来重建切片图像的表的行和列。

* Underscore/Period/Space/Hyphen:下划线/句号/空格/连字符,通常使用这些字符作为与其他元素的分隔符。

例如,如果文档名为 index,则命名惯例 doc. name + " slice" + Slice (A、B、C...) 所产生的切片名称就是 indexsliceA。实际上,不需要使用包含全部六个元素的命名惯例。如果一个切片包含多个帧,则默认情况下 Fireworks 将为每个帧的文件添加一个数字。我们也可以使用"HTML Setup"对话框为包含多个帧的切片创建自己的命名惯例。例如,如果为一个包含三种状态的按钮输入自定义切片文件名 home,则 Fireworks 将"Up"状态图形命名为"home. gif",将"Over"状态图形命名为"home_f2. gif",将"Down"状态图形命名为"home_f3. gif"。

4. 在"保存在"下拉列表中选择需要保存的位置,习惯上我们会把所有切片生成的图像保存到站点的图像文件夹内。在"切片"下拉列表中选择"导出切片",但是不要勾选下方的"包括无切片区域"和"仅当前页"复选框,如图 4-19 所示。

图 4-19 选择"导出切片"

5. 全部设置完毕后,单击"保存"按钮即可把这个页面中的所有切片导出到 Dreamweaver 的站点中去了,生成的图像如图 4-20 所示。

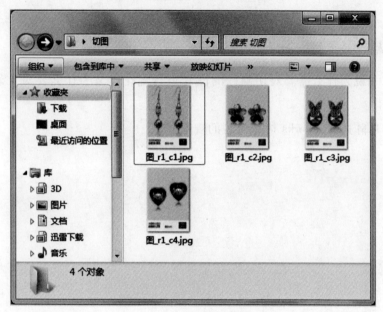

图 4-20 导出到站点中的切片

所有的切片生成以后,就可以使用这些图像素材,在 Dreamweaver 中进行排版布局了。

另外,如果我们只希望导出一部分切片,只需要选中所需要导出的切片,右击鼠标在快捷菜单中选择"导出所选切片"即可。

任务背景

针对前面任务中完成的切片任务,你们需要做一些图片的优化工作,以便更好地满足客户体验。

任务要求

1. 分组,三人一组;

2. 对切片和图片都进行优化;

3. 保存每张切片的同时也保存整张图片,并为每张切片和图片取一个个性的保存名称。

 课后思考与练习

1. 说一说为什么需要对切割好的图片进行优化？又为什么要对比较大的图片进行优化？

2. 简单陈述 Fireworks 切片命名的规则。

任务 3　Fireworks 批处理

☼ **任务目标**

一、了解 Fireworks 的功能；

二、掌握运用 Fireworks 对图片进行批量处理。

☼ **知识储备**

　　我们开网店需要处理的商品图片绝对不止几张,有时候商品比较多,拍摄的图片也会很多,甚至多达几百张。这个时候再对每张图片来进行分别处理,如果一张一张地缩小尺寸、旋转、调整饱和度、色彩、色阶等,会觉得非常麻烦,工作量也很大,很少有人有耐心这样来进行处理。这个时候使用 Fireworks 的“批处理”功能就是一个非常棒的选择,这是一项非常实用、非常便捷、非常强大的批量图片处理功能,可以快速帮助我们实现批量图片的处理,将需要相同操作的图片进行一次性操作即可。

　　那么 Fireworks 的“批处理”功能如何来实现呢?

　　1. 开启 Fireworks,从“文件”菜单选择“批处理”,如图 4-21 所示。

　　2. 先选择要批处理的文件,点击“增加”(或添加全部)。当然选择好后,如果有不需要的也可以再选择不需要的图片进行删除操作。再点击“继续”按钮,如图 4-22 所示。

　　3. 可以看到,批处理命令设置对话框有两个框,左边是供选择的批处理命令,右边是已经被选中的将要执行的批处理命令。我们需要在左边框中选择需要执行的批处理命令,然后再单击中间的“添加”按钮,这个命令就会添加到右边框中。当然如果点错了或者想要删除哪个待执行的命令也可以再点击右边的命令,然后单击中间的“删除”按钮即可,如图 4-23 所示。

　　我们是可以一次选多个批处理命令的。同时右边的命令次序也是可以调整

图 4-21 选择"批处理"命令

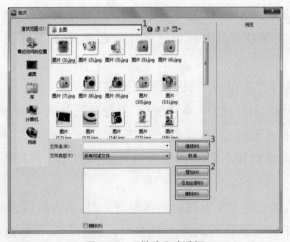

图 4-22 "批次"对话框

的,只需要选中这个命令然后再点击这个框右上方的上三角或者下三角来调节即可,如图 4-24 所示。

图 4-23 "批处理"对话框　　　　　图 4-24 调节命令次序

4. 可供选择的命令有很多,主要有批量修改图片颜色、批量修改图片格式、批量优化图片、批量旋转图片、批量缩放图片、批量裁剪图片等。选择这些命令之后,还可以对每一个命令做进一步的定义操作,如图 4-25 所示,选中缩放后,在下面的缩放选项中就可以看到有无缩放、缩放到大小、缩放到匹配区域以及缩放到百分比这几个选项,我们一般会选择"缩放到大小"来定义需要的图片尺寸。

5. 点击"缩放到大小"操作后,下方会出现两个选择,一个是高的设置,一个是宽的设置。我们可以根据需要来进行图片大小的设置,如图 4-26 所示。

图 4-25 进一步定义　　　　　图 4-26 进一步批处理的设置

另外,在左边的选择命令框中还有一个"导出"选项。我们可以通过该选项直接自动执行批量导出功能。选择导出后,在导出的进一步设置栏有一个下拉框可以进行进一步导出设置,也可以直接单击右侧的"编辑"按钮进入相关的设置,如图 4-27 所示。在此需要注意的是,如果选择的导出格式是 GIF 时,有颜色数量和交错式浏览器显示可以选择,如图 4-28 所示;如果选择的文件格式是 JPG,则有品质数和渐进式浏览器显示可以选择,如图 4-29 所示。

图 4-27 导出设置 1

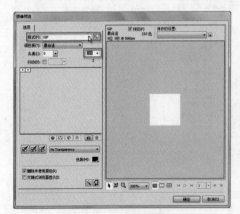

图 4-28 导出设置 2

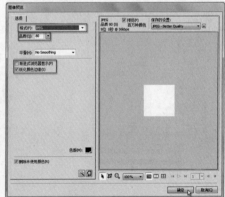

图 4-29 导出设置 3

有时候需要在批处理期间更改文件名,我们可以从"批处理选项"列表中选择"重命名",然后单击"增加",如图 4-30 所示。在进一步定义操作中:

"替换为"表示允许用指定的其他字符替换每个文件名中的字符,或者从每个文件名中删除字符。例如,如果原有的文件名是"图 123. jpg"、"图 124. jpg"和"图 125. jpg",那么可以将"图 12"替换为"Birthday",从而将文件名更改为"Birthday3. jpg"、"Birthday4. jpg"和"Birthday5. jpg"。

"将空白替换为"表示允许用指定的一个或几个字符替换文件名中存在的空白,或者从每个文件名中删除所有空白。例如,名为"Picnic.jpg"和"Slap stick. jpg"的文件可以更改为"Picnic. jpg"和"Slapstick. jpg",或"Pic – nic. jpg"和"Slap – stick. jpg"。

"添加前缀"表示允许输入要添加到文件名开头的文本。例如,如果输入"night _",则在对文件"Sunrise. gif"进行批处理时,它将被重命名为"night _ Sunrise. gif"。

"添加后缀"表示允许输入要添加到文件名末尾(在文件扩展名之前)的文本。例如,如果输入"_day",则在对文件"Sunset. gif"进行批处理时,它将被重命名为"Sunset_day. gif"。

对于每个更改的文件名,可以执行"替换"、"替换空白"、"添加前缀"和"添加后缀"的任意组合。

图 4-30　重命名自定义设置

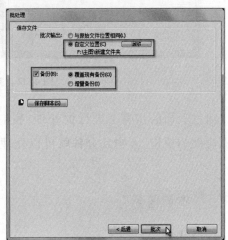

图 4-31　文件保存

需要注意的是导出和重命名操作总是最后执行,其他任务则按照其显示顺序执行。

6. 相应的还有其他批处理命令的设置操作,设置完成后就可以点击"继续"进行下一步的操作,则出现文件保存的操作界面。在此界面我们可以选择批处理输出的位置并选择"备份"以设置备份选项。如图 4-31 所示。

可以实现两种方式的备份。"覆盖现有备份"表示覆盖以前的备份文件。"增量备份"表示保留所有备份文件的副本。在运行新的批处理时,将在新的备份副本文件名的末尾追加一个数字。

设置好后单击"批次"按钮,即可进行批处理,自动执行。

说一说如果不选择备份,在文件名相同时,以相同文件格式及以不同文件格式运行批处理会产生什么不同的结果?

7. 执行批次后,系统会很快地帮我们完成批量处理的工作。如图 4-32 所示,处理完成后单击确定即完成批次处理。

图 4-32　完成批处理

通过上面的步骤来进行批处理,我们会发现即便处理五百张的图片,根据计算机速度的快慢,大约几分钟就可以处理完成,非常高效和便捷。

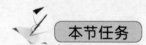

任务背景

你们在处理大批的图片时发现目前的操作效率实在太低,于是你们打算使用

Fireworks 的批处理功能来对图片进行处理。

任务要求

1. 分组，三人一组；

2. 准备足够多的图片，至少 50 张；

3. 使用 Fireworks 来执行缩放、转换为灰度图像、锐化、重命名、导出操作，并对每一个选项进行进一步的设置。

4. 教师对比看哪些小组的操作最为熟练，效果最令人满意，并向全班进行展示。

课后思考与练习

1. 说一说使用 Fireworks 进行批量图片处理时需要注意哪些事项？

2. Fireworks 批量处理设置中重命名的每种设置有何区别？简单说一说。

☼ **本项目知识回顾**

一般我们需要将制作好的图片切割为适合网页应用的元素，然后再使用 Dreamweaver 生成网页代码。完成后才能发布到网页中。而 Fireworks 就是图片切割及优化的最好工具。

在本项目中，我们主要学习了如何使用 Fireworks 来对图片进行切割和优化，以及如何对批量图片进行处理。其中图片切割是重点。我们首先要了解图片切割的原因和作用，知道图片切割在整个网页制作过程中的重要位置。另外，图片的批量处理是难点内容。虽然批量处理的操作程序并不复杂，但是对每一种批量操作选项的设置却是需要进行区分和掌握的。

在接下来的项目中我们将学习使用 Dreamweaver 来对图文进行网页排版的方法。

通过本项目的学习，你有哪些心得体会？

_____

_____

_____

_____

项目五
Dreamweaver 图文排版

在 Fireworks 或者是 PhotoShop 中设计好的网页效果图,需要导入到 Dreamweaver 中进行排版布局。除了 PhotoShop 软件,Dreamweaver 应该可以算得上是网店美工应用最为广泛和重要的软件工具了。它可以用来完成图文并茂的页面排版,并设置超链接,是网店店铺进行装修时必学的软件之一。

Adobe Dreamweaver,简称"DW",中文名称"梦想编织者",是美国 MACRO-MEDIA 公司开发的集网页制作和管理网站于一身的所见即所得网页编辑器,它是第一套针对专业网页设计师特别发展的视觉化网页开发工具,利用它可以轻而易举地制作出跨越平台限制和跨越浏览器限制的充满动感的网页。

可以说,Dreamweaver 相当于一个翻译家,它会将我们的一些操作自动翻译成网页能够识别的 HTML 代码。在本项目中,我们将学习如何利用 Dreamweaver 来进行相关的网页操作。

本项目需要学习和完成以下任务

▶ 任务 1　站点管理

▶ 任务 2　规则表格排版

▶ 任务 3　不规则表格排版

▶ 任务 4　链接的设置

▶ 任务 5　自定义内容的发布

任务 1 站点管理

☼ **任务目标**

一、了解站点管理的内容；

二、掌握运用 Dreamweaver 对站点进行新建和管理的方法。

☼ **知识储备**

要想制作并维护一个网站，首先需要在本地硬盘上制作修改网站的文件，然后把这个文件上传到互联网的 Web 服务器上，从而实现网站文件的更新。制作店铺装修也是一样，首先必须要在本地计算机硬盘上用 Dreamweaver 制作 HTML 页面和文件夹，制作完成后将页面代码复制到网店装修的"自定义内容区"就可以完成店铺的装修了。

放置在本地磁盘上的 HTML 页面和文件夹被称为本地站点，位于互联网 Web 服务器里的网站被称为远程站点。在使用 Dreamweaver 软件进行页面排版时，一定要先设置好本地站点。这样我们在插入图片时，默认的位置就是我们指定的文件夹，这样会非常地方便。

下面将以 Dreamweaver CS3 为例介绍 Dreamweaver 站点管理的基本操作。

一、新建站点

在 Dreamweaver 中可以有效地建立并管理多个站点。搭建站点可以有两种方法，一是使用"站点定义向导"，这可以根据提示逐步完成设置过程；二是使用"高级"设置来完成，可以根据需要分别设置本地信息、远程信息和测试服务器。单击"新建"/"站点"，出现站点定义对话框，单击对话框中的"基本"选项卡以使用站点定义向导，或者单击"高级"选项卡以使用"高级"设置，如图 5-1 ～图 5-3 所示。

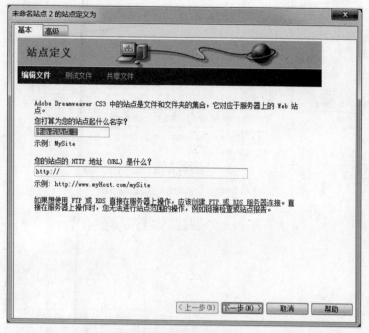

图 5-1　新建站点 1

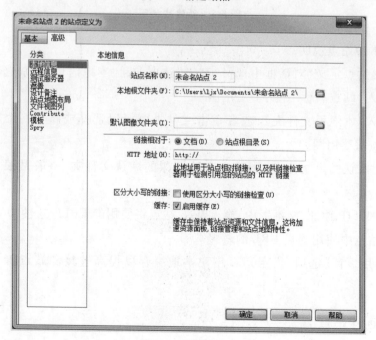

图 5-2　新建站点 2

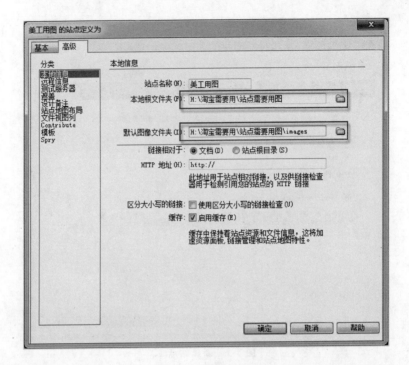

图 5-3　新建站点 3

设置本地站点说明：

1. 在"站点定义"对话框中选择"高级"选项卡和"本地信息"类别选项。

2. 输入"站点名称"，如：美工用图。

3. 输入"本地根文件夹"，或者单击文件夹图标以选择或新建一个本地文件夹，如：站点需要用图。

4. 在"默认图像文件夹"中确定存放图像的默认文件夹，一般是根目录下的"images"。

5. 在"HTTP 地址"文本框中，输入 Web 站点将使用的 URL。这使 Dreamweaver 能够验证站点中使用绝对 URL 的链接。

6. "启用缓存"选项，指定是否创建本地缓存以提高链接和站点管理任务的速度。

二、设置远程站点

如果你的站点有远程访问方式，可以按以下配置对服务端上的文件内容进行维护管理,如图 5-4 所示。

1. 在站点定义对话框中选择"高级"选项卡的"远程信息"分类选项。

2. 选择一个"访问"选项。

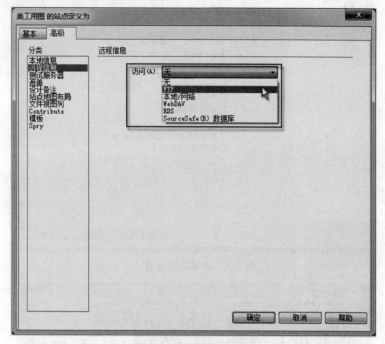

图 5-4　远程站点设置 1

因为目前网站服务器所提供的文件上传下载都是以 FTP 最为普遍,所以以下将以 FTP 访问方式介绍设置远程站点,如图 5-5 所示。

1. 输入 FTP 主机名,即是网站服务器的 FTP 的 IP 地址。

2. 输入远程站点的主目录名。

3. 输入连接 FTP 服务器的登录名和密码。

4. 如果你的防火墙配置要求被动 FTP,则选择"Passive FTP"。

5. 使用防火墙选项。

三、管理站点文件

1. 站点资料建好后,我们就可以对整个站点进行统一修改了。使用"文件"面板,它一般在 Dreamweaver 主窗口的右边,如图 5-6 所示。

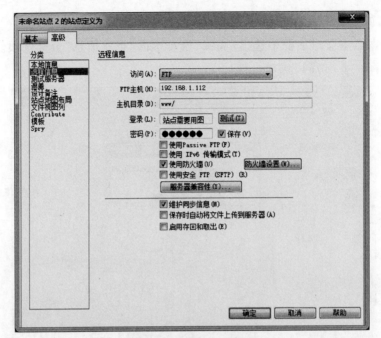

图 5-5 远程站点设置 2

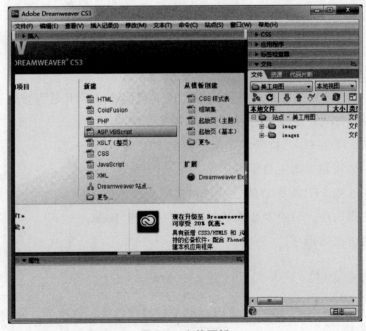

图 5-6 文件面板

在"文件"面板上,从"站点"弹出式菜单中选择一个"站点",就可以对相应的站点文件内容进行维护管理,如图 5-7 所示。

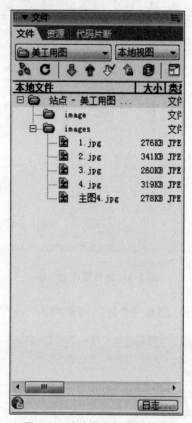

图 5-7　对站点进行维护管理

"文件"面板工具栏的工具可以方便与远程服务端上的文件进行"同步"、"获取"、"上传"等功能,也可以点击工具栏中的"展示以显示本地和站点"的最右边的按钮,弹出文件管理对话框,如图 5-8 所示。

2. 上传至远程或测试服务器

(1)选择要上传的文件。通常在"本地"视图中选择这些文件,也可以在"远程"视图中选择相应的文件。

(2)单击"文件"面板工具栏上的"上传"按钮,或者右键菜单选择"上传"。如果文件当前已经在文档窗口中打开,则可以从文档窗口中选择"文件管理"/"上传"。

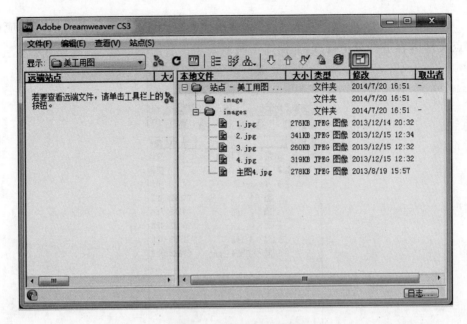

图 5-8　文件管理对话框

（3）若要上传相关文件，则单击"是"；否则单击"否"按钮，如图 5-9 所示。

图 5-9　远程上传文件

3. 如果远程站点为 ftp 服务器，则使用 ftp 来同步文件，其操作如下，如图 5-10和 5-11 所示：

（1）选择特定的文件或文件夹。如果要同步整个站点，则跳过此步骤；

（2）单击"文件"面板工具栏上的"同步"按钮，或者右键菜单选择"同步"，如果文件当前已经在文档窗口中打开，则可以从文档窗口种选择"文件管理"/"同步"，出现"同步文件"对话框；

（3）选择相应的同步方向，选择"预览"进行文件的比较，然后点"确定"。

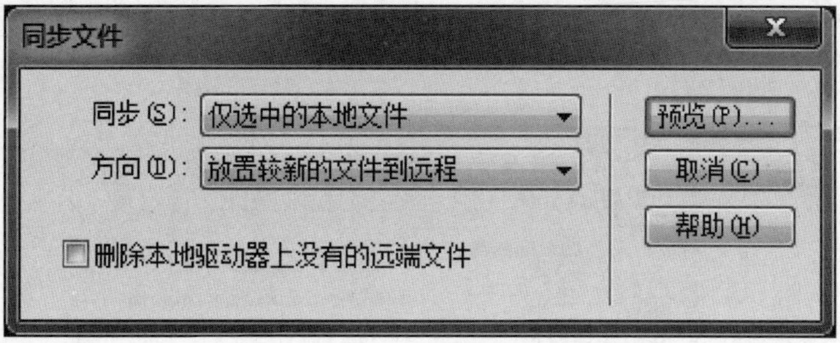

图 5-10 同步文件

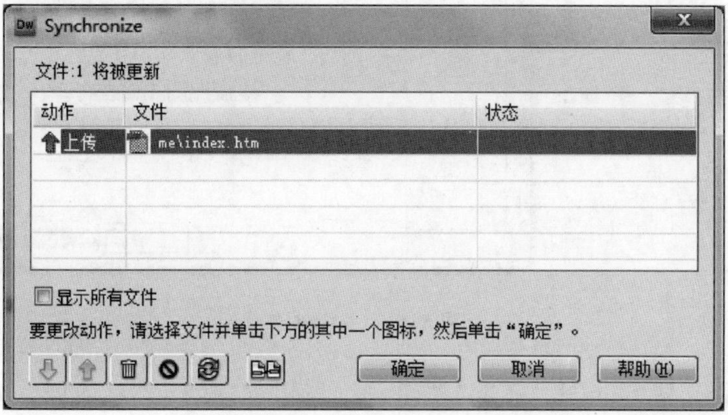

图 5-11 上传文件

四、站点管理

在创建完本地站点之后,通过 dreamweaver 点击站点窗口,可以对本地站点进行编辑、删除、移动和复制等操作,如图 5-12 所示。

(一)编辑站点

在创建站点以后,可以对站点进行编辑,具体操作步骤如图 5-13 所示:

(1)执行"站点"/"管理站点"命令,弹出"管理站点"对话框,在对话框中单击"编辑"按钮;

图 5-12 站点管理

（2）弹出"站点设置对象效果"对话框,在"高级设置"选项组中可以编辑站点的相关信息;

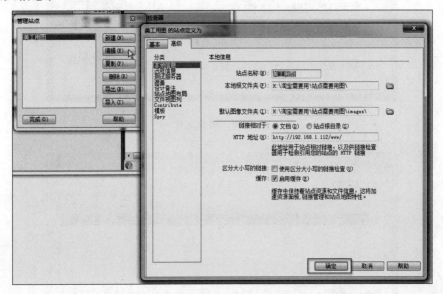

图 5-13　编辑站点

（3）编辑完毕后,单击"确定"按钮,返回到"管理站点"对话框。单击"完成"按钮,即可完成网站建设中站点的编辑。

（二）删除站点

如果不再需要站点,可以将其从站点列表中删除,删除站点的具体操作步骤如下:

（1）执行"站点"/"管理站点"命令,弹出"管理站点"对话框,在对话框中单击"删除"按钮,如图 5-14 所示;

（2）系统弹出提示对话框,即可将本地站点删除。系统会询问用户是否要删除本地站点。单击"是"按钮,即可删除站点,如图 5-15 所示。

图 5-14　站点管理

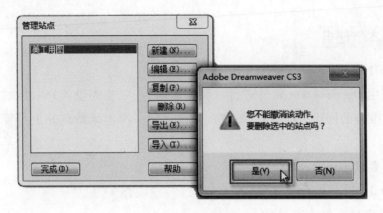

图 5-15　删除站点

（三）复制站点

有时候希望创建多个结构相同或类似的站点。在网站建设中可以利用站点的复制功能，复制站点的具体操作步骤如下：

（1）执行"站点"/"管理站点"命令，弹出"管理站点"对话框。在对话框中单击"复制"按钮，即可将该站点复制，新复制出的站点名称会出现在"管理站点"对话框的站点列表中，如图 5-16 所示；

（2）在"管理站点"对话框中单击"完成"按钮，完成对站点的复制，如图 5-17 所示。

图 5-16　站点管理

图 5-17　完成站点复制

通过以上的介绍，相信大家已经对 Deamweaver 的站点管理功能有了初步的了解。但是要真正体会到它的强大和快捷，还要在以后的工作中慢慢地体会。

本节任务

任务背景

在使用 Dreamweaver 软件进行页面排版时,一定要先设置好本地站点。根据之前你们准备的网店页面装修的资料,自己创建一个本地站点并进行管理。店铺类型不限。

任务要求

1. 分组,三人一组;

2. 安装 Dreamweaver 软件;

3. 首先使用 Dreamweaver 创建一个新的本地站点,并为该站点取一个有代表性的名称;

4. 做好站点设置并尝试对站点进行初步管理。

 课后思考与练习

1. 说一说 Dreamweaver 软件在网店装修中有什么作用? 为什么需要设置本地站点?

2. Dreamweaver 的主界面主要包括哪些部分,各有什么功能?

任务 2　规则表格排版

☼ 任务目标

一、了解表格排版的含义和作用；

二、能够运用 Dreamweaver 对规则表格进行排版。

☼ 知识储备

表格是现代网页制作的一个重要组成部分。表格之所以重要是因为表格可以实现网页的精确排版和定位。我们常用到的有规则表格和不规则表格。这两种表格的排版各有特色。本任务中我们先来学习规则表格的排版，这也是制作不规则表格排版的基础。在开始制作表格之前，我们首先对表格的各部分的名称做一个介绍。

如图 5-18 所示，表格的横向叫行，纵向叫列。行列交叉部分叫作单元格。单元格中的内容和边框之间的距离叫边距。单元格和单元格之间的距离叫间距。整张表格的边缘叫边框。

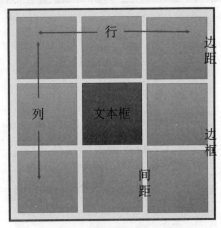

图 5-18　表格的各部分介绍

下面看看使用表格制作页面的实例,如图 5-19 所示:

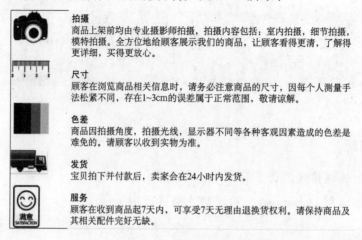

拍摄
商品上架前均由专业摄影师拍摄,拍摄内容包括:室内拍摄,细节拍摄,模特拍摄。全方位地给顾客展示我们的商品,让顾客看得更清,了解得更详细,买得更放心。

尺寸
顾客在浏览商品相关信息时,请务必注意商品的尺寸,因每个人测量手法松紧不同,存在1~3cm的误差属于正常范围,敬请谅解。

色差
商品因拍摄角度,拍摄光线,显示器不同等各种客观因素造成的色差是难免的。请顾客以收到实物为准。

发货
宝贝拍下并付款后,卖家会在24小时内发货。

服务
顾客在收到商品起7天内,可享受7天无理由退换货权利。请保持商品及其相关配件完好无缺。

图 5-19　规则表格的排版

这个看似很简单的表格实际上是我们进行网店装修必须要掌握的一项排版技术。上面的表格实际上是五行两列的表格,制作步骤如下。

1. 首先打开 Dreamweaver 工具,然后在 Dreamweaver 的选项中选择新建一个 Html文件,这是制作网页的前提,如图 5-20 所示。记得给该文件取一个合适的名称。

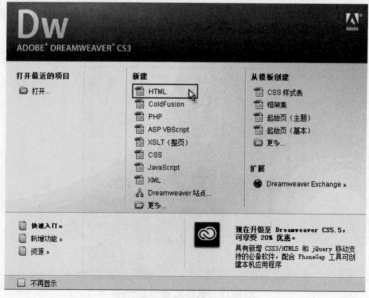

图 5-20　新建文件

2. 进入 Dreamweaver 主界面后,我们可以看到自动生成的相关代码,这是软件自动生成的,可以直接使用。这些代码是页面的基本代码,在淘宝或者其他一些电子商务网站都是已经存在的,因此我们需要先将这些代码删除掉,否则以后将这些代码复制到店铺装修的"自定义内容区"的时候代码就会出现重复,从而导致页面出错。删除时只要按快捷键 Ctrl + A 全选代码,再按删除键删除即可,如图 5-21 所示。

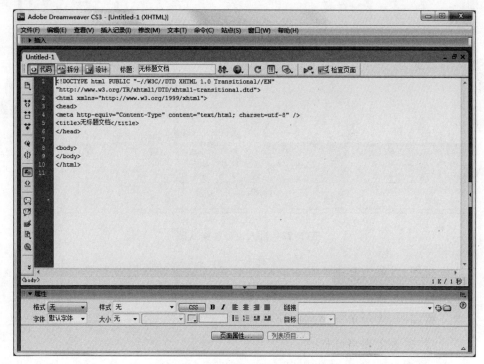

图 5-21 删除系统自动生成的代码

3. 在代码、拆分、设计这三个选项卡中,选择设计,进入"设计"视图状态,如图 5-22 所示。

4. 选择"插入"中的"表格"选项,在弹出的表格对话框中可以根据个人的需要,设置表格的行数和列数。另外也可以设置其他参数:

表格宽度:两种表示形式,像素和百分比,设置为像素后,则表格的页面固定,不能随着显示器的大小改变而改变;设置为百分比后,表格的页面大小可以随着显示器分辨率的大小不同而自动改变。

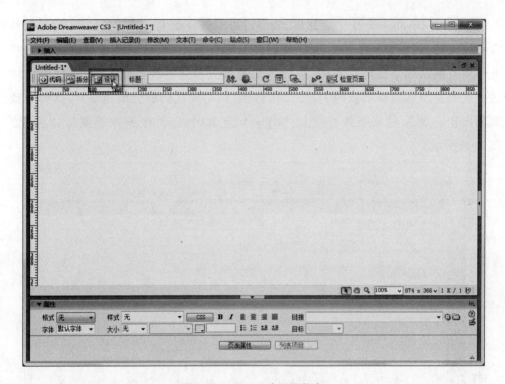

图 5-22　进入设计视图状态

边框粗细：设置为 0 则不显示表格边框，显示边框通常设置为 1。

单元格边距：表示单元格内部文字、图片等元素距离单元格边框的距离。

单元格间距：表示单元格与单元格之间的距离。

页眉：快速设置表格的样式。

标题：设置数据输出的表格题头，用于说明表格的内容，如：表一"学生成绩表"等。

对齐标题：设置数据输出的表格题头对齐方式，可以是左对齐、右对齐、顶部对齐和底部对齐。

根据需要，将行设置为 5、列设置为 2。表格宽度为 750 像素，边框粗细、单元格边距及单元格间距均为 0。其他保持默认设置即可，如图 5-23 所示。

5. 表格制作好后，可以根据个人的需要对表格进行大小调整，我们可以通过光标的拖动来调整表格的大小，如图 5-24 所示。

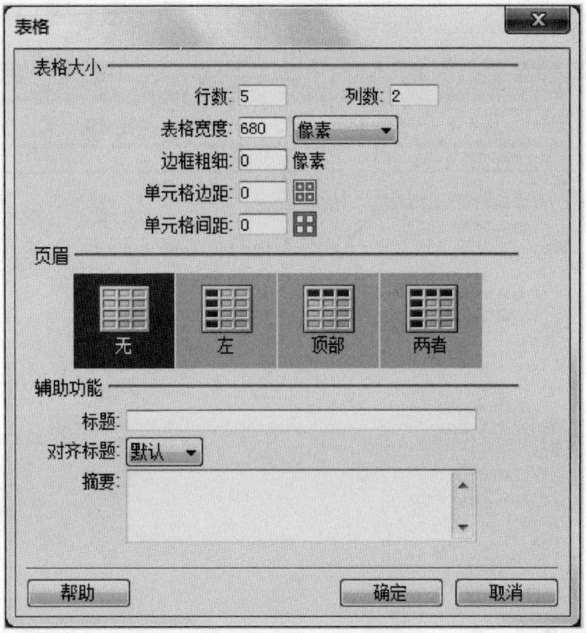

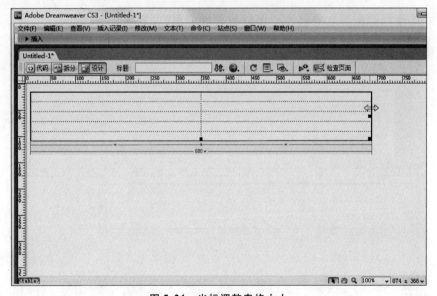

图 5-23　设置表格参数

图 5-24　光标调整表格大小

　　还可以在代码中调整网页表格的大小,以修改长与宽的值对表格的长与宽进行调整,如图 5-25 所示。

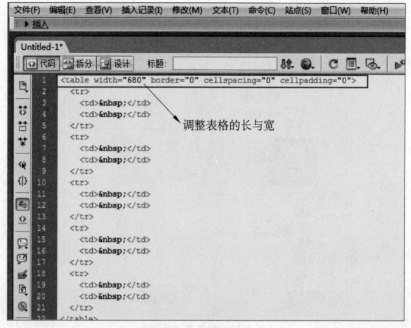

图 5-25　调整代码

另外也可以在下方的属性栏中进行属性的更改,如图 5-26 所示。

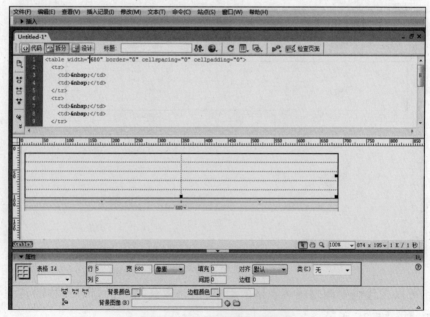

图 5-26　属性面板的表格参数

6. 接下来将光标移动到第一行的第一格中单击,选择"插入"/"图像"命令,选择我们要放在第一格中的图片,如图 5-27 所示。

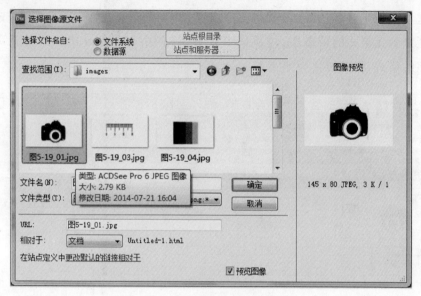

图 5-27　在表格中插入图像

7. 在插入图片的过程中会出现下面的对话框,在"替换文本"后面的文本框中可以输入有利于搜索的关键字,这样在搜索图片时在外部搜索引擎中输入这些关键字就可以搜索到相关的图片。单击"确定"按钮,即可完成图片的插入,如图 5-28 所示。

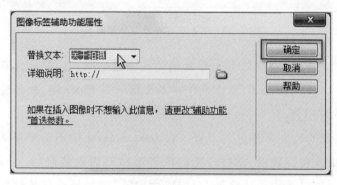

图 5-28　图像标签辅助功能属性框

8. 单击表格的第一行的第二格,输入相关的文字并在属性栏中设置加粗效果,同时将大小设置为无,如图 5-29 所示。

这里要特别注意的是,不要将文字直接从 word 中复制粘贴过来,而应该先将文字复制到无格式的记事本,再从记事本复制到 Dreamweaver 中。这样就可以清除文字的格式,将其转化为纯文本。

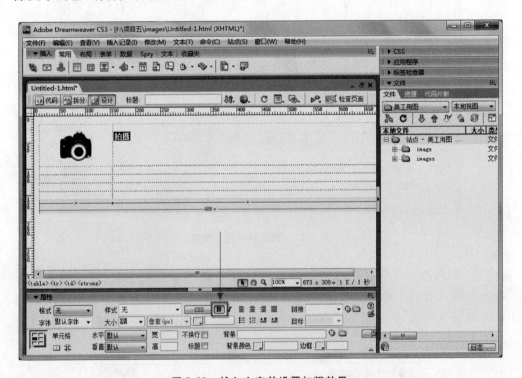

图 5-29　输入文字并设置加粗效果

9. 用相同的方法,将另外几个单元格的内容排好版。但是这里需要说明的是换行的操作。Dreamweaver 的换行操作并不是按一下 Enter 键,而是应该按 Shift + Enter 键,如图 5-30 所示。

还需要强调的是文字颜色的设置。在 Dreamweaver 中不需要事先设置文字颜色,因为在这里直接设置后,软件产生的代码粘贴到店铺装修的"自定义内容区"时会被过滤掉,可以等代码粘贴到"自定义内容区"的时候再进行设置。

10. 用同样的方法将接下来的几行进行排版,完成后如图 5-31 所示。

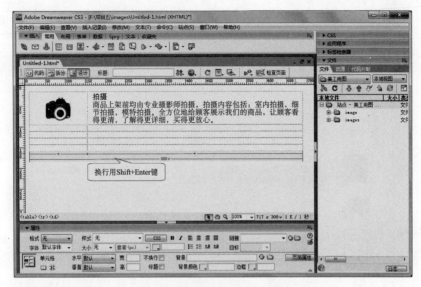

图 5-30　输入文字并进行换行

图 5-31　Dreamweaver 中排版好的表格效果

11. 按快捷键 F12 可以在浏览器中查看排版后的效果,如图 5-32 所示。

12. 此时,该表格是无线的。我们可以设置极细的表格线条,这种效果被认为是最好的表格线条效果。设置极细表格线条的步骤如下所示:

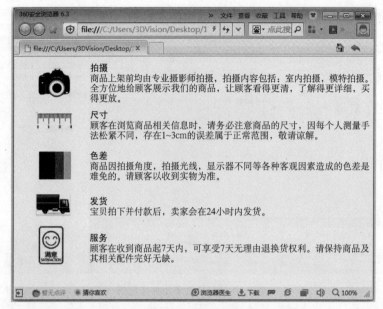

图 5-32　预览效果

（1）单击表格的任意一格，再单击左下方状态栏中的＜table＞选中表格。

（2）在"属性"面板上设置背景颜色为黑色，间距为1，如图 5-33 所示。

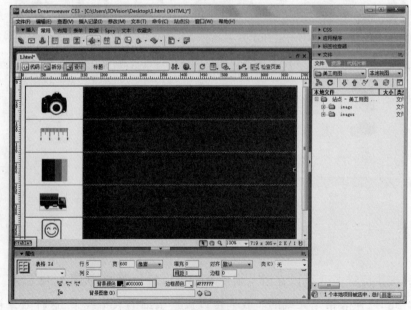

图 5-33　设置背景颜色和间距

13. 鼠标单击最后一格,再单击鼠标左键往左上角拖动到第一格后松开鼠标,这样就选中了所有的单元格,在"属性"面板中设置背景颜色为白色,即可完成极细线表格的排版,如图 5-34 所示。

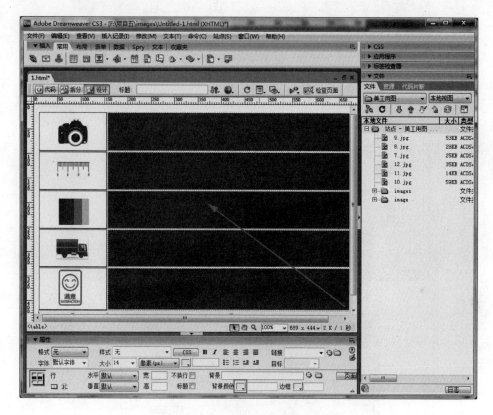

图 5-34　选中单元格设置背景颜色

14. 按快捷键 F12 可以在浏览器中查看排版后的效果,如图 5-35 所示。

通过上面的操作我们对于表格排版有了一个初步的认识。这里再补充几个表格操作的常用方式。

(1) 合并:将选中的连续单元格合并成为一个单元格。

(2) 分割:将一个单元格分割成若干单元格。

(3) 水平对齐方式:分为左、中、右三种。

(4) 垂直对齐方式:分为顶、居中、居底、基线对齐。

(5) 可以增加或者删除行或列。在一个单元格中单击鼠标右键。在右键菜单中选择"表格选项"/"插入行或列"。系统会弹出 5-36 所示对话框。在对话框里填入数据即可。

图 5-35　浏览器查看效果

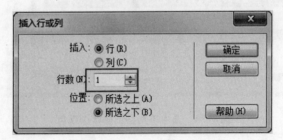

图 5-36　插入行或者列对话框

选中表格中各种元素的方法

这里再补充一些选中表格中各种元素的方法。

1. 选中一行,把光标移到该行的最左边单元格的左面,光标会变成箭头状,单击就可以选中一行。

2. 选中一列,把光标移到该列的最上边单元格的上面,光标会变成箭头状,然后单击可以选中一列。

3. 选中整张表格,把光标移到表格的左上角或右边框或下边框线上。单击即可选中整幅表格。选中的表格会在周围出现一个黑框表示整张表格选中了。

4. 选中单元格。单元格可以同时选中多个。选择连续的单元格,光标先选中的一个单元格,按住 shift 键不放,选取最后一个单元格。选不连续的单元格。按住 Ctrl 键,点取所需要的单元格即可。

任务背景

你开了一家服装店,在客户咨询过程中你发现很多客户都会集中咨询一些比较类似的问题,你将这些问题进行了归纳,发现在你的现有产品描述中并没有对这些问题进行说明,因此你希望能够在产品描述页面对这些问题通过表格进行集中说明。这样就会省去很多答复顾客咨询的时间,大大提高成交效率。你归纳出下面几个方面的问题并给出了统一的答案。

(1)购买后如何联系我们?

答:建议尽量使用阿里旺旺联系,如果客服不在线可以打咨询电话:010－×××××××××。

(2)商品有无色差?

答:由于拍摄光线及角度的问题以及显示器对比不同,会有些许色差存在。

(3)发货是什么快递?

答:默认圆通和申通快递,偏远区域发 EMS。

(4)可否退换货?

答:提供七天无理由退换货。

任务要求

1. 分组,三人一组;

2. 按照背景要求使用 Dreamweave 制作一个规则表格,要求尽量美观简洁,图文结合;

3. 要求表格使用极细线边框的形式;

4. 制作完成后进行浏览器预览,教师对优秀的团队给予奖励。

 课后思考与练习

1. 说一说规则表格排版中为什么不能够事先设置表格的文字颜色?

2. 调整表格的大小有哪些方法?试着陈述两种方法。

3. 怎样合并单元格?试着操作一下。

任务 3　不规则表格排版

☀ **任务目标**

一、了解不规则表格排版的制作原理；

二、能够运用 Dreamweaver 进行不规则表格排版。

☀ **知识储备**

上一个任务中我们学习到表格排版分为规则表格排版和不规则表格排版。不规则表格的排版比规则表格的排版更复杂一些,会涉及"嵌套表格"的排版。例如下面的案例,我们在调整单元格 1 的时候不能影响到单元格 3,同时在调整单元格 2 的时候也不能影响到单元格 4。这是不规则表格和规则表格的最大区别。

要解决这个问题我们必须要记住"嵌套表格"的排版方法:如果一定要建立一个不规则的表格,可以先建立一个一行多列的表格,这个表格的作用是来控制整体的布局;然后在表格的每一列可以插入其他表格,实现左右多个表格的不规则排列。这样的技术,在 Dreamweaver 中被称为"嵌套表格"。

了解了"嵌套表格"的原理,我们实现图 5-37 的设计就不难了。具体步骤如下:

图 5-37　不规则表格排版案例

1. 首先打开 Dreamweaver 工具,然后在 Dreamweaver 的选项中,选择新建一个 Html 文件,这是制作网页的前提。记得给该文件取一个合适的名称。

2. 进入 Dreamweaver 主界面后,我们可以看到自动生成的相关代码,我们需要先将这些代码删除掉,按快捷键 Ctrl + A 全选代码,再按删除键删除即可。再按快捷键 Ctrl + S 将文件进行保存。

3. 在代码、拆分、设计这三个选项卡中,选择设计,进入"设计"视图状态。

4. 然后选择"插入"中的"表格"选项,在弹出的表格对话框中可以根据我们的需要,将行设置为 1、列设置为 4。表格宽度为 950 像素,边框粗细、单元格边距及单元格间距均为 0。其他保持默认设置即可。

一般我们将边框粗细、单元格边距及单元格间距均设置为 0 的表格称为"无线表格",如图 5-38 所示,这样的表格在 Dreamweaver 的排版过程中是可以看到线的,但是在浏览器中浏览的时候就不显示线了。可以说,在互联网中看到的所有的网页基本都是由无线表格排版出来的。

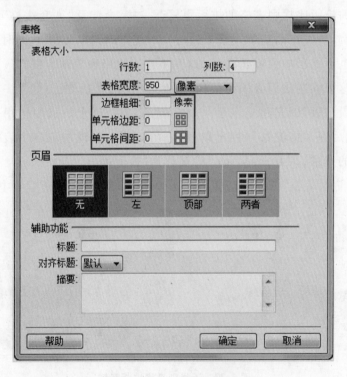

图 5-38　设置表格参数

课 堂 讨 论

想一想极细线表格的设置步骤是怎样的？你觉得什么时候使用无线表格比较好？什么时候使用极细线表格比较好？

插入之后的表格如图 5-39 所示。

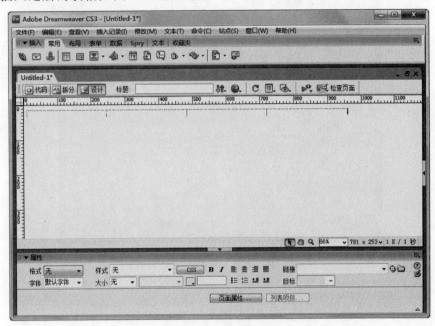

图 5-39　插入的表格

5. 接着我们可以在第一格中插入一个新的表格，在弹出的对话框中设置行为2、列为1、宽度百分比为100。其他均为0。宽度百分比为100表示这个表格的宽度是自由的，它的宽度是由它所在的单元格的宽度决定的。

6. 表格插入后，可以根据个人的需要对表格大小进行调整，我们可以通过光标的拖动来调整表格的大小，直到合适为止，如图 5-41 所示。

7. 同样在第四格重复步骤5和步骤6的操作，如图 5-42 所示。

8. 接下来在每一个单元格中插入之前切割好的图片，就可以完成本节任务中的案例了，如图 5-43 所示。

9. 按快捷键F12可以在浏览器中查看排版后的效果，如图 5-44 所示。

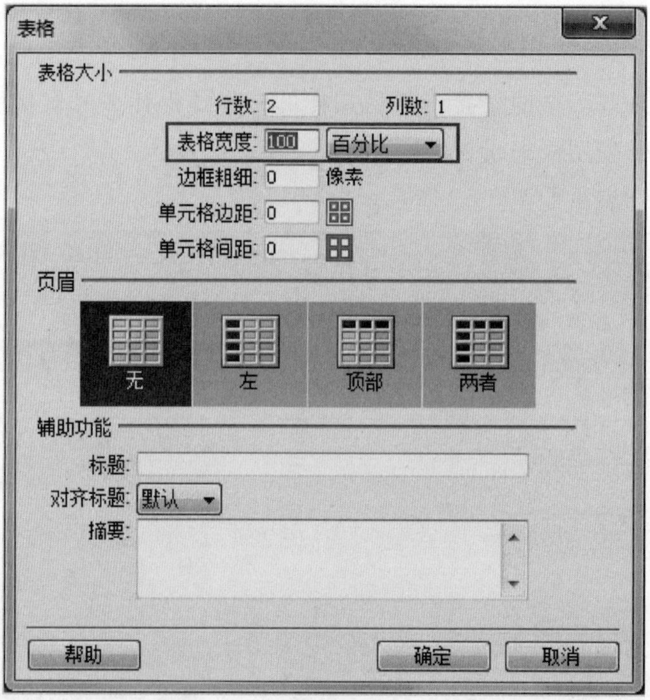

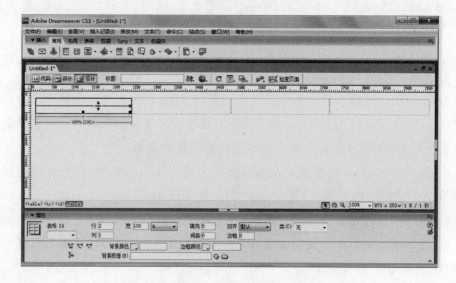

图 5-40   表格宽度为百分比 100

图 5-41   表格调整后 1

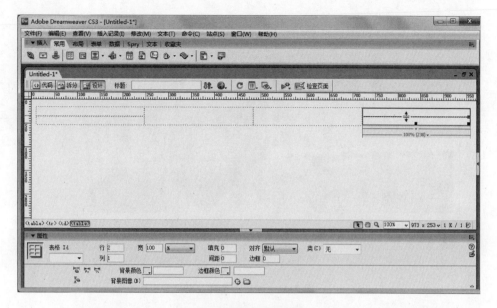

图 5-42　表格调整后 2

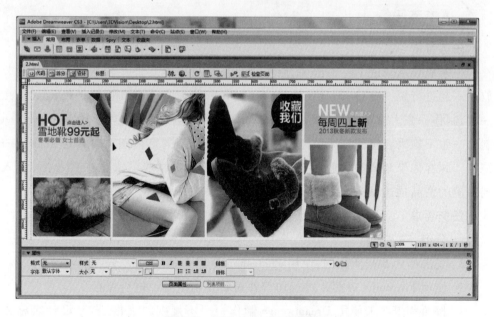

图 5-43　Dreamweaver 排版效果

图 5-44　浏览器查看效果

　本节任务

任务背景

一家服装店新进了一些服装,店主需要在首页中将几件比较有代表性的服装放在一起进行统一宣传,因此需要先使用 Photoshop 将几件服装的宣传图汇总在一起,制作一张大的宣传图,再使用 Fireworks 进行图片切割,最后使用 Dreamweaver 制作一张不规则表格的排版的宣传图,这样每张服装的宣传图就可以进行独立的链接。顾客如果对某件衣服比较感兴趣,可直接点击相应的大图中的小图,进入到相应的商品描述界面。

任务要求

1. 分组,三人一组;

2. 先选择约 6 张商品图,使用 Photoshop 制作一张大的广告宣传图;

3. 使用 Fireworks 对图片进行切割并对每张切割图都进行保存;

4. 按照背景要求使用 Dreamweave 制作一个不规则的表格,自己设计表格样式,要求尽量美观简洁;

5. 要求表格使用无线边框的形式;

6. 制作完成后进行浏览器预览,教师对优秀的团队给予奖励。

课后思考与练习

1. 说一说规则表格排版和不规则表格排版的区别是什么？

2. 简单陈述无线表格在网页设计中的作用。

任务 4　链接的设置

☼ **任务目标**

一、掌握运用 Dreamweaver 设置链接的方法；
二、掌握运用 Dreamweaver 设置热点链接的方法。

☼ **知识储备**

我们常常说某个店铺首页的网址是什么，某个商品的网址是什么，其实这些网址就是通过超链接实现的。我们会在淘宝的首页中看到很多商品的图片，如果点击某个图片，直接就会进入到该商品的商品描述页面，为什么会这样呢？这是因为淘宝首页中的商品图片都设置了相应的商品网址的链接，只要点击图片，就可以登录到相应的链接的网址，进入到这个图片相应的描述界面。这个功能也是可以通过 Dreamweaver 来实现的。

链接是一个内容丰富的网站或者店铺所必不可少的。因为每个店铺都有首页，首页中展示每个商品的图片，买家可以通过浏览图片找到自己想要了解的商品，然后点击相应的图片进入到相应的商品描述界面。在每个商品的描述界面中我们也可以继续进行超链接的设置。这样环环相扣，不断链接，整个店铺之间的商品或者整个网站之间的商品都可以实现相互的跳转了。

实际上，有时候我们需要为一张图设置一个链接，有时候需要对一张图设置多个链接。我们将前者称为一般链接的设置，将后者称为热点链接的设置。

一、一般链接的设置

那么如何使用 Dreamweaver 实现一般链接的设置呢？其实方法很简单，只需要以下两个步骤就可以实现了：

第一步，是选取要设置链接的文字或者图片；

　　第二步,在"属性"面板的"链接"后面的文本框中输入或者粘贴网址即可,如图 5-45 所示。

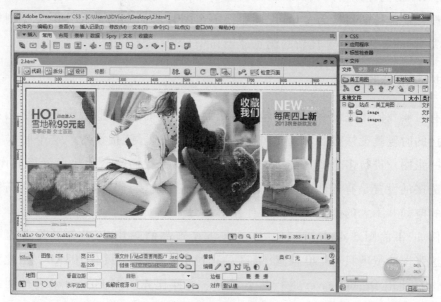

图 5-45　属性栏设置链接

　　网址就是网页的地址,就是我们在地址栏输入的字符串。例如,http://www. taobao. com/、http://xilinmen. tmall. com/? spm = a1z10. 4. w5001 − 6529376022. 3. ysfri7&scene = taobao_shop 等,如图 5-46 所示。

图 5-46　地址栏的地址

"属性"面板中还有一个"目标"的设置。如果图片没有设置目标,那么设置链接之后,单击图片原来的页面就会在浏览器中消失,只切换出新的链接网址;如果我们设置了链接的目标为"_blank",那么单击图片后原来的页面并不会在浏览器中消失,新的链接网址会在新的浏览器窗口中呈现。

二、热点链接的设置

有时候我们事先没有对一张包含多个商品图片的广告图进行切割,那么在设置链接的时候就无法选择相应的小的商品图片来进行链接设置。这个时候就需要对一张图片进行多个商品链接的设置。这种设置我们称之为热点链接的设置。热点链接的设置是有条件的,必须是需要设置多个链接,同时图片的宽度、高度和占用的空间并不大的情况下才能够使用。

例如,下面图 5-47 所示,图中包含了 5 个产品的图片,因此需要设置 5 个链接。这张图的宽度只有 790 像素,高度只有 600 像素,大小只有 108KB。因此我们可以选择使用 Dreamweaver 进行热点链接。这样比先使用 Fireworks 进行切割再使用 Dreamweaver 进行表格排版和链接设置的方法要方便得多。

图 5-47　有五个链接的图片

现在从插入图片之后的步骤开始讲解。

1. 在"属性"面板中的"地图"中输入这个图的名称：name2014，如图 5-48 所示。这个名称必须是唯一的、不与其他图片重复的。这个步骤非常重要，否则如果同一个页面有其他的图片也使用热点链接的话就会产生错误。

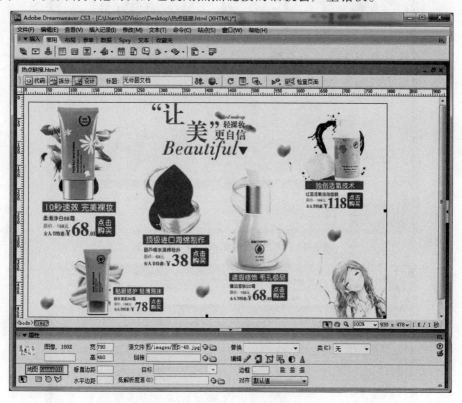

图 5-48　为热点链接的图片取名

2. 选择"属性"面板的"矩形热点工具" ▩，然后在图片上拖动光标，分别画出 5 个需要进行链接的热区，如图 5-49 所示。

3. 使用"指针热点工具" ▶，单击每一个热区，拖动四个角的小方块可以对热区的大小进行调节。

4. 使用"指针热点工具" ▶，单击每一个热区，在相应的属性面板中的"链接"中设置对应的链接网址，即可完成整个热区链接的设置，如图 5-50 所示。

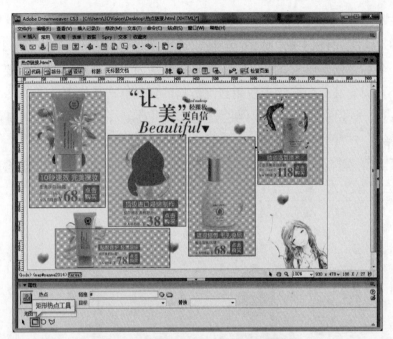

图 5-49 使用"矩形热点工具"画出热区

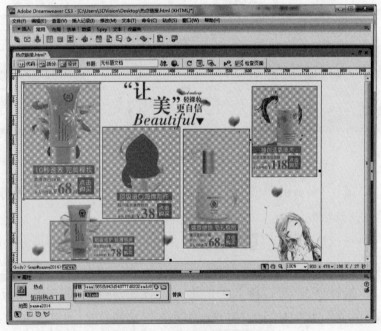

图 5-50 为每个热区设置链接

 **本节任务**

任务背景

完成了前面任务中的不规则表格的排版,接下来需要做一些图片的链接设置工作。这样才能使买家在点击自己喜欢的图片的时候能够链接到相应的商品描述界面。

任务要求

1. 分组,三人一组;

2. 对完成的不规则表格排版中的各种图片都设置一般链接;

3. 将任务 3 中未切片的整图调节到合适的尺寸,然后使用 Dreamweaver 进行热点链接。

4. 查看这两种链接设置的效果有无区别。

 课后思考与练习

1. 怎样理解一般链接和热点链接?举个网页的真实例子说明一般链接和热点链接。

2. 说一说热点链接的图片有什么要求?进行热点链接有什么好处?

任务 5　自定义内容的发布

☼ 任务目标

一、能够自己上传图片至网络图片空间;

二、能够将 Dreamweaver 中设置好的图片发布到店铺页面中。

☼ 知识储备

要想让所有进入我们的店铺中的买家都能够看到制作好的图片,我们必须还要进行三步操作,第一步是将图片上传到网络空间;第二步是将 Dreamweaver 中的原图片文件的链接进行替换;第三步是将图片代码复制到店铺自定义区域并发布,别人就可以看到我们店铺中的图片了。

一、上传网络图片

如果我们只是将制作好的图片保存在自己的计算机中,别人是无法看到我们的图片的,我们也无法使那些买家通过网络看到我们的图片从而进行购买。只有将图片先上传到网络图片空间,才可以使其被全世界的人们通过互联网进行访问。在此介绍几种常用的获取网络空间的方式。

（一）使用免费的相册空间

很多网站提供了免费相册服务,如网易、雅虎中国、百度空间等,我们可以将一些商品图片上传到免费相册中进行存储。在这些免费相册空间上传图片后,在相册中可以看到上传成功的图片,这时我们就可以在淘宝中插入图片地址,从而调用图片使其显示。

免费相册有一定的局限性,其本身拒绝外部链接图片,对于图片大小、格式也有一定的限制,而且稳定性比较差,经常无法正常显示出图片。因此,使用这种方式比较适合初开网店的人群使用。

（二）使用淘宝图片空间

如果在淘宝网开网店，由于淘宝本身提供了一定的图片空间，因此如果图片数量不是很大，可以考虑使用淘宝图片空间，具体操作步骤如下。

1. 以会员身份登录淘宝，打开店铺的基本设置，单击"我是卖家"按钮，进入店铺基本设置页面，如图 5-51 所示。

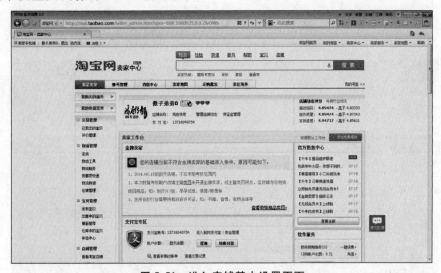

图 5-51　进入店铺基本设置页面

2. 单击"店铺管理"中的"图片空间"，就可以进入淘宝的"图片空间"了，如图 5-52 所示。

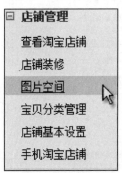

图 5-52　进入淘宝的"图片空间"

3. 进入图片上传页面，在图片空间页面中单击"上传图片"，如图 5-53 所示。

图 5-53　进入图片上传页面

4. 选择"通用上传"，单击"点击上传"按钮，如图 5-54 所示。

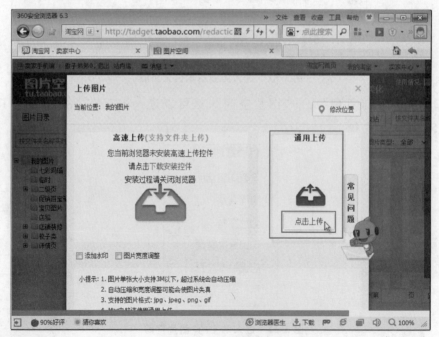

图 5-54　准备上传图片

5. 在弹出的对话框中选择要上传的图片，单击"保存"按钮，如图 5-55 所示。

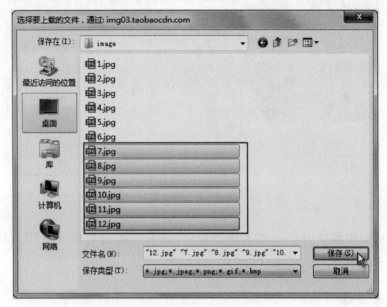

图 5-55　选择要上传的图片文件

6. 上传完成后，单击"查看上传成功图片"，就可以在淘宝的"图片空间"看到已经上传成功的图片了，如图 5-56 所示。

图 5-56　单击"查看"按钮

7. 如果需要添加其他的图片，可以单击"点击添加图片"按钮，从而再次选择新的图片，如图 5-57 所示。

图 5-57　单击"点击添加图片"按钮

除了这两种网络空间可以上传图片外,还有一些付费的网络相册供大家选择。在此不再介绍。

二、替换原文件

在 Dreamweaver 中,我们需要将原来的图片替换成网络空间中的图片,操作步骤如下。

1. 单击淘宝网的"图片空间"中的图片缩略图下面的"链接",如图 5-58 所示。这就相当于复制了图片的链接地址。

图 5-58　单击"链接"

2. 在 Dreamweaver 中,单击相应的图片,删除属性面板上的"源文件"后面的文本框的所有文字内容,将刚才的图片链接粘贴到文本框中,如图 5-59 所示。

图 5-59 粘贴图片链接地址

3. 使用相同的办法将所有图片的链接地址进行复制粘贴。

三、店铺自定义设计

将图片上传到网络之后,就可以在店铺的自定义内容区域进行图片设计。方法很简单,只需要在店铺装修的自定义内容区域的相应位置粘贴上 Dreamweaver 中设计好的图片代码,并进行保存和发布即可。具体的步骤如下。

1. 进入店铺装修页面。

2. 单击页面中的"添加模块"按钮,如图 5-60 所示。在弹出的对话框中,单击"自定义内容区"后面的"添加"按钮,就可以添加一个自定义内容区,如图 5-61 所示。

3. 单击图 5-61 中的"编辑"按钮,就可以进入"自定义内容区"的编辑模式。

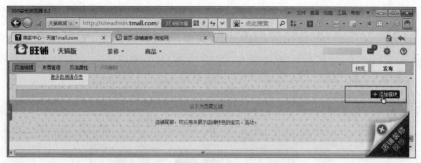

图 5-60　添加自定义内容区模块

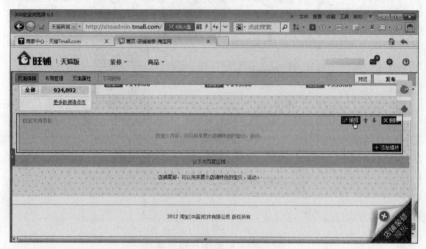

图 5-61　自定义内容区

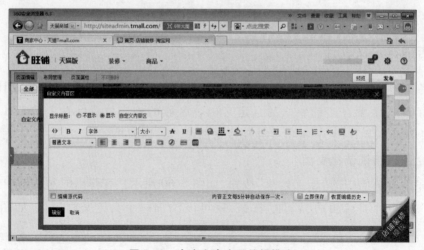

图 5-62　自定义内容区编辑模式

4. 单击"编辑 HTML 源码"按钮切换到代码状态。将 Dreamweaver 中需要进行发布的视图的代码进行复制,并粘贴到自定义内容区的代码区域,如图 5-63 所示。

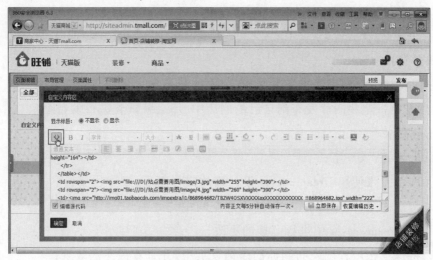

图 5-63　粘贴代码

5. 单击保存按钮,就可以在店铺中看到自己排版的效果。如果想让所有的进入店铺的人都看到这个效果,就需要单击右上角的"发布"按钮,如图 5-64 所示。

图 5-64　显示效果

至此,已为大家介绍了有关 Dreamweaver 图文排版的主要功能,希望大家在实际的训练中勤加练习,不断进步,早日完成网店的店铺装修和发布。

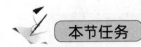

本节任务

任务背景

一切设计工作都已经准备就绪,在前面的任务中大家已经准备了很多广告图片,现在需要将这些图片发布到自己的网店中,那么就试着进行发布吧!

任务要求

1. 分组,三人一组;

2. 准备三张使用 Dreamweaver 设计好的广告图片;

3. 将这些图片上传到淘宝网的图片空间中;

4. 在 Dreamweaver 中进行链接的更改;

5. 将这三张广告图发布到你的店铺首页中,并查看最终的效果;

6. 教师评选出优秀的作品,并进行奖励。

课后思考与练习

1. 说一说为什么要事先将图片上传到网络空间? 有哪些途径可以上传图片?

2. 说一说想要制作一个广告图并发布到自己的网店页面中,具体需要哪些步骤呢? 详细陈述所需要的步骤。

☼ 本项目知识回顾

Dreamweaver 图文排版是网店装修的最后步骤。在此之前的工作很多,都是我们前几个项目中学习的内容,包括商品的拍摄、对图片的美化和处理、对图片的切割等。

本项目中我们主要学习了如何使用 Dreamweaver 来对图片进行排版并最终发布到店铺页面中,包括 Dreamweaver 站点管理、规则及不规则表格的排版、一般链接及热点链接的设置以及自定义页面内容的设计和发布。这些内容是相互关联的模块,而不是独立存在的。表格的排版是本项目的重点以及难点,我们要弄清楚规则表格和不规则表格的区别,并能够对各种表格进行合理的设计和排版。在表格排版中无线表格以及极细线表格的使用也是一个重点内容。

　　相对掌握每个任务中的技巧而言,能够理解并掌握整体店铺装修流程的运用是更为关键的。我们首先要掌握为什么要进行站点管理,为什么要进行链接设置,为什么要进行网络图片上传等原理性的知识,才能够真正掌握和运用其相应的技巧。

　　通过本项目的学习,你有哪些心得体会?

_____

_____

_____

_____

参考文献

［1］葛存山．淘宝店铺设计装修一本通［M］．北京：人民邮电出版社，2014.

［2］淘宝大学．网店美工实操［M］．北京：电子工业出版社，2012.

［3］淘宝大学．网店视觉营销［M］．北京：电子工业出版社，2013.

［4］李东博．Dreamweaver + Flash + Photoshop 网页设计从入门到精通［M］．北京：清华大学出版社，2013.

［5］张航，王秀华，李伟．网店装修入门与提高［M］．北京：清华大学出版社，2012.

［6］网店商品拍摄：

http://wenku. baidu. com/link？url = T32VCfQGmyVK9LnenaoT9Ook_e2EDo2GBhNRL6vGBgH8aJf4KJsI1ovaIoR1VM5AcChs3Q3L − OZYdmyxfN7db18TypsQWUYVP21WvozGu_i.

［7］用 Dreamweaver 管理本地站点：

http://www. jxteacher. com/dddj/column18765/58d532dc − 2972 − 45a6 − aff1 − 51ea9c6a8959. html.

［8］百度百科．Adobe：http://baike. baidu. com/view/7578. htm？fr = aladdin.